KB149945

리라이팅 클래식 008

이성은 신화다, 계몽의 변증법

리라이팅
클래식
008

이성은 신화다, 계몽의 변증법

권용선 지음

그린비

| **일러두기** |

1 이 책 본문에서 인용하고 있는 『계몽의 변증법』은 김유동의 번역본(문학과지성사, 2001)을
 따랐다.
2 다른 책에서 인용을 한 경우에는 겹따옴표(" "), 강조의 경우에는 홑따옴표(' ')를 사용
 하였다. 들여짜기 한 인용문의 하단에 『계몽』으로 표기한 것은 『계몽의 변증법』을 의미하
 며, 독자들의 편의를 위해 인용 쪽수를 각각 밝혀두었다.
3 저작이나 단행본에는 겹낫쇠(『 』)를, 논문이나 예술작품, 신문, 잡지 등에는 홑낫쇠(「 」)
 를 사용했다.
4 외래어 표기는 모두 외래어 표기법(1986년 문교부 교시)을 따랐다.

책머리에

오래 전 이탈리아 사람들은 "번역은 반역이다"라는 말로 한 언어를 다른 언어로 바꾸어 옮기는 일의 난감함을 토로했다. 사실, 이 난감함은 언어들 간의 변환에만 국한되는 것이 아니다. 문자로 쓰여진 텍스트를 이해하고 해석하는 일, 오감을 통해 감각되는 것을 지각하는 일, 대화를 나누고 정서를 교감하는 일 또한 번역의 작업에 포함된다. 하나의 문장을 읽어내는 데에 무수한 각주와 해석과 설명이 동원되는 것처럼, 인간은 누구나 외부와 만날 때 그 나름의 경험과 지식과 취향을 개입시킨다. 공통감각은 상상의 산물일 뿐이다.

번역은, 서로 다른 것들 사이에서 빚어지는 불통과 불화의 선을 지우고 소통과 화해의 한 가능성을 보여주는 작업이다. 그래서 번역자의 위치는 언제나 위태롭고 애매하지만, 그 위치의 어정쩡함이야말로 새로운 음색을 만들어내는 '반역'을 꿈꾸게 하는 힘이다.

이미 쓰여진 것을 다시 쓰는 것으로서의 리-라이팅(re-writing)은, 필사(筆事)의 영역을 넘어서 말들의 배치를 바꾸는 작업이다. 그 과정 속에서 있었던 말들이 자취를 감추기도 하고 숨어 있던 말들이 새롭게 목소리를 얻기도 한다. 리-라이팅은, 지나간 삶의 흔적을 지금 이곳으로 불러모아 당대의 언어로 해석의 살을 붙이고 다가올 시간에 '반역'의 선을 그려 넣는 작업이다. 그 과정에서 번역자의 위치는 매번 새로워지고, 자유롭게 조정된다. 그는 때로는 원본을 쓴 자가 되기도 하고, 원본과 대화를 나누는 자가 되기도 하며, 새롭게 원본을 쓰는 자가 되기도 한다. 『이성은 신화다, 계몽의 변증법』의 의도 역시 그러했다. 하지만 그 공과는 이미 나의 몫이 아니다.

반전 시위가 열렸던 2월 15일(이 날짜를 기억해 두고 싶다. 역사가 그렇게 만들 터이므로), 나는 대학로에 있었다. 참가자들이 들고 있던 피켓 속에서 환하게 웃고 있던 이라크 여성의 얼굴이 아직도 내 망막을 어지럽힌다. 곧 벌어질지도 모르는 야만의 사육제를 상상하며, 그 공포를 속수무책 견디는 것밖에는 아무 것도 할 수 없는 맨손의 사람들을 생각하며 나는 분노한다. 감히, 누가 누구를 심판하는가. 가장 세련된 계몽의 언어를 구사하면서, 가장 야만적인 살육의 축제를 계획하는 그들은 누구인가. 누가 그들에게 심판자의 권한을 부여했으며, 누가 그들을 이 세계의 관리자로 임명했던가.

수세기 전, 그들이 신대륙을 발견했을 때 그곳에는 아무 것도 없었다. 그들의 눈에는 아무 것도 보이지 않았다. 오직, 정체를 알 수 없는 야만의 생명체들이 어이없이 발전과 진보의 길을 막아서고 있을 따름이었다. 그들은 그 야만의 무리들에 대한 공포와 적개심을 총과 대포와 채찍의 힘으로 제압해 나갔다. 그들의 눈에는, 자연과 더불어 자연의 일부가 되어 서로 존중하고 배려하며 평화롭게 살아가는 그 땅의 주인들이 보이지 않았다. 그들은 놀라운 탐험정신으로 미지의 세계를 발견하고 개척해 나갔을 따름이다. '의지와 이성'의 힘으로! 그들이 건설한 신세계는 오늘날 전 세계에서 가장 화려하고 아름다운 빛을 24시간 뿜낸다.

그들이 다시 총을 들었다. 자국의 이익을 위해, 한 줌도 안 되는 군산복합체의 배를 불리기 위해. 정의와 평화는 자본과 힘의 논리 앞에서 철저하게 모욕당한다. 오랫동안 그들을 길러온 과학과 이성으로 무장한 개척정신이, 그들과는 다른 것, 그들에게는 없는 다른 모든 것들과 싸우라고 부추긴다. 파시즘의 부활! '벼랑 끝 전술'을 구사하고 있는 자는 진정 누구인가.

아이로니컬한 일이지만, 아도르노와 호르크하이머가 전쟁의 광기와 파시즘의 폭력을 피해서 잠시 동안 몸을 기댔던 나라가 미국이었다. 그곳에서 그들은, 비판에 인색하고 반성에 무능력한 '계몽'의 한계를 참담한 심경으로 돌아보았고, 그 과정 속에서 『계몽의 변증법』은 탄생했다. 그때 미국은 갈 곳 없는 수많은 유대인들을 보호해 주었을 뿐만 아니라, 전쟁의 소용돌이를 잠재우는 일에 앞장섰다.

계몽은 역사진행의 한 과정을 설명해 주는 해석의 키워드를 넘어서는 문제이다. 그것은 단순히 학문의 영역 속에서만 진화하는 것도 아니고, 현실 정치의 맥락 속에서만 작동하는 것도 아니다. 인간이 이성과 더불어 이 세계를 살아가는 한, 계몽은 현재진행형의 삶으로서 그리고 미래 지향의 의지로서 존재한다. 그렇기 때문에 아도르노와 호르크하이머는 바로 그 시대의 미국 대중문화 시스템 속에서조차 계몽의 한 비극적 가능성을 읽어낼 수 있었던 것이다. 통치자의 얼굴이 자본가의 얼굴과 연예인의 얼굴 속에서 겹쳐지고 지워지면서 권력의 새로운 효과를 생산하는 문화산업의 시스템이 언젠가는 모든 것을 망치게 할 것이라고, 그때 그들은 경고했다. 그리고 지금 우리는 그들의 예상이 결코 잘못된 게 아니었음을 개전(開戰)을 외치는 미국 국민들의 목소리 속에서 확인한다.

그럼에도 불구하고 아도르노와 호르크하이머는 끝까지 계몽을 포기하지 않았다. 인간의 존엄과 자유를 보장하는 것 또한 계몽과 이성의 힘이기 때문이다. 그들은 말했다. 계몽을 다시 사유하자. 그것의 공과를 돌아보면서 계몽을 계몽할 수 있는 방법을 찾아보자. 하지만 어떤 면에서는 그들이 너무나 온건했던 것도 같다. 나는 지금 이렇게 말하고 싶다. "일단, 'fucking USA, Stop the War!' 라고 외치자. 그리고 힘을 합해서 그놈들이 잘못을 깨달을 때까지 혼내주자. 그러고 난 다음에 천천히 계몽을 어떻게 할지 생각해 보자."

얼마 전에 그 동안 소문으로만 떠돌던 호미 바바의 『문화의 위치』가 번역, 출판되었다. 인상적이었던 것은 바바가 쓴 '감사의 말'이었는

데, 그는 여러 페이지에 걸쳐서 그 동안 고마웠던 사람들을 일일이 다 호명하고 있었다. 대단히 머리가 좋거나 친절한 사람일 것이다. 이제서야 바바의 마음을 알 것 같다.

지금 내 머릿속에도 많은 사람들이 떠오른다. 『계몽의 변증법』을 리-라이팅하기로 처음 마음먹었을 때, 함께 그 책을 꼼꼼히 읽어주었던 '계몽의 변증법 게릴라 세미나 팀'에게 가장 먼저 고마움을 전한다. 그들은, 어둡고 고통스러운 글을 유쾌하게 읽어낼 수 있는 능력을 내게 가르쳐 주었다. 서툴게 쓴 초고를 인내심을 갖고 읽어 준 친구 C에게도 감사하고 싶다. 이제 머지 않아 나와 비슷한 작업을 하게 될 그 친구에게 내가 받은 만큼 고스란히(!) 되돌려줌으로써 은공에 보답할 것이다. 각종 음식과 재롱과 협박으로 나를 독려해 주었던 연구실 친구들에게도 고마움을 전한다. 적절한 보상의 방법을 찾아보겠다. 별탈 없이 끝까지 버텨 주었던 내 노트북, 약 5만 번쯤 반복해서 목청껏 노래를 불러 주었던 동서양의 몇몇 가수들, 한치의 오차도 없이 잘도 시간을 끌고 지나가 주었던 시계, 저녁마다 딱딱해진 내 머리를 만져 주었던 낙산공원의 시원한 풍경들, 무엇보다도 이제 나를 더욱더 강렬한 국문학에의 향수에 시달리게 만들어 버린 『계몽의 변증법』에 고마움을 전한다.

2003년 3월, 마포 그린비 출판사에서
권용선

1장
어두운 시대의 노래

고갱, 「우리는 어디에서 왔으며 무엇이며 우리는 어디로 가는가」, 1897년

누군가의 삶에서 내가 갖고 있지 않은 무언가를 발견할 때, 우리는 신기한 놀라움에 빠진다. 그 순간 세계는 더 넓게 확장되고, 내 삶은 이전보다 두꺼워진다. 고갱은 인간의 보편적 삶의 과정, 그 길고 복잡한 시공간의 얽힘을 한 컷의 그림 속에 담아내는 데 성공했다. 그림 속에는 태어나고 자라고 죽는 삶의 모든 과정과, 그 속에서 만나는 인연의 계기들이 함께 자리잡고 있다. 모두 평안하고 조화롭다.

언젠가 시인 이성복은 그의 시에 고갱의 그림 제목을 차용한 적이 있다. "우리는 어디에서 왔나 우리는 누구냐"로 시작되는 「다시 정든 유곽에서」의 어떤 구절은 고갱의 그림이 말이 되어 흐르고 있는 것처럼 보인다. "갈 수 있을까 / 언제는 몸도 / 마음도 / 안 아픈 나라로 / 귓속에 / 복숭아꽃 피고 / 노래가 / 마을이 되는 / 나라로 / 갈 수 있을까 / 어지러움이 / 맑은 물 / 흐르고 / 흐르는 물 따라 / 불구(不具)의 팔다리가 / 흐르는 곳으로 / 갈 수 있을까 / 죽은 사람도 일어나 / 따뜻한 마음 한 잔 / 권하는 나라로 / 아, 갈 수 있을까 / 언제는 / 몸도 / 마음도 / 안 아픈 / 나라로"

어쩌면, 화가와 시인 그리고 두 명의 철학자가 같은 곳을 바라보고 있었던 것은 아니었을까.

1. 나의 고백 — 호르크하이머의 경우

아무도 자기 인생을 예측하지는 못한다. 나의 꿈은 훌륭한 소설가가 되는 것이었다. 청년 시절, 가업을 이어받기 위해 상업을 공부하기도 했지만, 내 안에는 언제나 아무에게도 털어놓지 못했던 수많은 말들이 꿈틀거리고 있다. 하지만 소설가가 되기에는 시대가 너무 나빴다. 내가 인생의 절정기를 보냈던 1930년대와 40년대는 화려한 수사를 구사하는 소설가보다 한 명의 이론가, 한 명의 혁명가를 원했다.

내 이름은 막스 호르크하이머(Max Horkheimer). 1895년 2월, 독일 슈투트가르트의 추펜하우젠에서 태어났다. 나의 아버지는 그 지역에서 공장을 운영하는 유대인 재력가였다. 대부분의 유대인이 그렇듯이 나의 아버지도 성실히 일해서 부를 쌓는 한편, 검소한 생활과 경건한 종교적 기풍으로 집안을 일으키고 싶어했다. 장남이었던 나는 아버지의 충고에 따라 고등학교(김나지움)를 졸업하자마자 상업교육을 받아야만 했다. 그 시절의 수업이 내가 진정으로 하고 싶었던 것과는 거리가 멀었지만, 완전히 무용한 것만은 아니었다. 그때의 경험으로 나는 맑스의 철학과 자본주의적 현실에 대해서 더욱 잘 이해하게 되었고, 이것은 훗날 내가 프랑크푸르트 학파의 맹주가 되었을 때, 우리 학파의 '비판이론'을 만들어내는 데 결정적인 기여를 했다고 생각한다. 하지만 장사를 공부하는 것은 소설을 읽거나 쓰는 것보다는 확실히 재미없는 일이다.

그때 내가 프리드리히 폴록(F. Pollock)을 만나지 못했더라면, 나는 그저 평범하게——어쩌면 진짜 소설가가 되어 버렸을지도 모르지만——아버지의 사업을 이어받아 유대인 자본가가 되었을 것이다. 폴록의 아버지 역시 유대인이었고 사업가였기 때문에, 우리 둘은 처지가 비슷했다. 하지만 무엇보다도 폴록과 나는 철학과 문학을 좋아한다는 공통점을 지니고 있었다. 우리는 함께 톨스토이, 입센, 슈테른베르크, 졸라의 문학 세계에 빠져들었고, 스피노자의『에티카』, 칸트의『순수이성비판』, 그리고 쇼펜하우어의『삶의 지혜에 대한 잠언』을 읽으며 토론하기를 즐겼다. 1913년부터 14년까지 폴록과 나는 현장실습과 어학연수라는 명분을 내세워 런던과 브뤼셀로 여행을 떠났다. 외국에서 머무는 동안 우리는 좋아하는 책을 마음껏 읽을 수 있었고, 그때 나는 몇 편인가 소설을 쓰기도 했다.

폴록과 나는 뮌헨, 프라이부르크, 그리고 프랑크푸르트 대학에서 함께 공부했다. 폴록은 정치학과 경제학을 그리고 나는 심리학과 철학을. 그는「맑스의 화폐이론」이라는 논문으로 경제학과에서 최우등으로 박사학위를 취득했고, 훗날『소련의 계획경제 실험』이라는

나비 넥타이를 매고 질 좋은 가죽 소파에 기대 앉은 모습 속에서 부유한 유대인 상인의 흔적이 얼핏 느껴지기도 한다. 호르크하이머는 독자적 유물론에 바탕을 둔 실천적 '비판이론'의 입장에서, 칸트·헤겔·맑스를 잇는 고전철학의 이념과 사회학·심리학·정신분석학 등의 새로운 과학적 성과를 종합하는 '현대사회이론'의 연구를 지향하였다.

책을 저술하기도 했다. 그는 60여 년이라는 긴 세월 동안 내 옆에 있어준, 나의 허물없는 친구이자 자상한 보호자이며 든든한 연구 동료이다. 언젠가 프랑크푸르트 학파의 동료였던 마르쿠제(H. Marcuse)가 나와 폴록에 대한 인상을 이렇게 말했던 것을 기억한다. "어느 날 코르넬리우스가 자신이 지도하는 학생 두 명을 데리고 내 사무실로 왔다. 그들 가운데 한 사람은 막스 호르크하이머라는 사람으로, 그는 사람의 마음을 휘어잡는 듯한 정열이 넘쳐흐르는 사람이었으며, 다른 한 사람은 호르크하이머의 친구로서 그의 이름은 폴록이었는데, 겉으로 보기에는 말이 적고 무뚝뚝한 것 같았지만, 그 무뚝뚝함 뒤에는 다른 무엇이 간직되고 있다는 것을 알 수 있었다."

내가 기분파이면서 신경질적이라면, 폴록은 꾸준하게 신념을 밀고 나가는 강직한 성격이었다. 한 가지 아쉬운 점은 폴록이 프랑크푸르트 대학의 사회연구소를 위해서 자신의 학문 연구를 일정 부분 포기했다는 점이다. 특히 내가 연구소의 소장이 된 이후로 폴록은 연구소의 모든 현실적이고 실용적인 일들을 도맡아서 처리해 주었고, 때로는 세상의 거친 비판에 대한 방패막이가 되어 주었다.

1916년, 내 인생에 기념비적인 하나의 사건이 발생했다. 나중에 나의 아내가 될 로제 리케르(R. Riekher)를 처음 만난 것이다. 그녀는 내 아버지의 개인 비서였고, 나보다 8살이나 연상이었다. 하지만 그것은 아무 문제가 되지 않았다. 우여곡절 끝에 우리는 결국 결혼에 성공했다.

1918년부터 19년까지 2년간 나는 철학자들의 말에 깊이 잠겨 있었다. 맑스를 읽으며 10월 혁명과 바이에른 공화국에 관심을 갖게 되었고, 후설과 하이데거, 쇼펜하우어를 읽으며 세계와 이성에 대해 고민했다. 그때 내 머릿속에는 사회적 관계에 대한 근본적인 비판과 보다 나은 세계에 대한 열망이 들끓고 있었다. 그럼에도 불구하고 당시 세상을 바라보는 나의 시선은 다분히 비관적인 것이었다. 쇼펜하우어의 영향 때문이었을까? 삶의 핵심이 고통과 죽음인데 도대체 사회적인 문제들이 해결될 가능성이 있는가 하는 회의가 끊임없이 일어났다. 아버지의 공장에서 일하는 여공들의 비참한 생활이 내게 현실의 고통을 생생하게 증언해 주었다.

대학에 다니면서 처음에는 심리학에 관심을 가졌지만, 지도 교수인 코르넬리우스를 만나면서 철학 연구 쪽으로 완전히 선회했다. 세칭 신(新)칸트 학파로 분류되는 코르넬리우스는 칸트와 계몽주의 철학에 대해, 그리고 형이상학적 가상의 문제에 대해 내게 많은 가르침을 주었다. 1922년, 코르넬리우스가 주관하는 후설에 관한 세미나에 참석하면서 처음 아도르노를 만났다. 그때는 20년 후에 우리가 함께 할 공동작업에 대해 예상할 수 없었다. 하지만 그가 지닌 문화적 취향과 날카로운 사유의 폭에 곧 깊이 매료되었다. 그해에 나는 「신학적 판단의 안티노미」라는 제목으로 박사 학위를 취득했다.

1923년에 프랑크푸르트 대학에 설치된 '사회연구소'는 보다 나은 세상에 대한 나의 열망에 불을 지폈다. 연구소는 바로 전 해에 펠릭스 바일(F. Weil)이 조직한 맑스 연구 주간에 모였던 사람들을 주축으로 해서 만들어졌다. 맑스와 사회 현실에 대한 비판적 연구가 제도권 안에서도 계속되어야 한다는 것이 그들의 공통된 입장이었다. 연구소의 재정은 펠릭스 바일의 아버지인 헤르만 바일에게 의지했다. 아르헨티나에서 곡물상을 해서 거부가 된 헤르만 바일은 소련과의 경제 교역에 관심을 갖고 있었기 때문에 맑스주의적 프로그램을 가진 연구소를 후원하는 것은 그에게도 의미심장한 것이었다. 연구소의 책임자로는 맑스주의 노동운동가이자 사회과학 잡지의 편집자였던 칼 그륀베르크(C. Grünberg)가 초빙되었다. 그륀베르크 시절의 연구소는 맑스의 이론을 철학적으로 연구하는 데 집중했기 때문에 학생들 사이에서는 '카페 맑스'로 불리기도 했다.

당시 연구소는 모스크바의 '맑스-엥겔스 연구소'와도 긴밀한 관계를 유지했다. 연구소의 창립회원들의 공식입장은 어떤 정당 활동도 배제하는 것이었지만, 개인적으로 공산당 활동을 하는 사람들이 없을 수는 없었다.

사실 배운 사람들 가운데 소련에서 벌어지고 있는 노력의 숨결로부터 아무 것도 감지하지 못하거나, 이를 경솔하게 지나쳐 버린 사람이 있다면, 그는 가엾은 친구다. 그러한 친구는 사회에 어떠한 이득도 줄 수 없음이 확실하다. 제국주의적 세계의 불의, 결코 기술적인 무력함이라고는 설명할 수 없는 어처구니없는 불의를 볼 수 있는 눈을 가진 사람이라면, 소련에서 일어나는 사건들을 이러한 무시무시한 사회적 불의를 극복하려는 지속적이고 고통스러운 시도로 볼 것이다. 아니면 최소한 가슴을 두근거리며 이러한 시도가 여전히 계속되고 있는지 물을 것이다. 그러면서도 지식인들은 현존하는 정치적 권력과 일정한 거리를 유지해야 한다. 그 일정한 거리의 긴장 속에서 비판과 통찰의 안목이 생겨나기 때문이다.

박사 학위를 취득한 후 몇 년간 연구소에서 맑스를 공부하는 한

편, 여전히 칸트적인 형이상학이라는 주제와도 싸워야 했다. 교수 자격시험을 보아야 했기 때문이다. 1925년에 「이론적 철학과 철학의 결합으로서의 판단력에 대한 칸트의 비판」이라는 긴 제목의 논문을 제출함으로써 교수 자격을 획득했고, 이듬해 드디어 로제와 결혼했다. 그 동안 결혼문제로 아버지와 불편한 관계를 유지해야만 했지만, 결국 아버지는 우리를 받아들였다. 1930년에 나는 프랑크푸르트 대학의 사회철학 정교수가 되었다.

그륀베르크가 건강상의 이유로 연구소 소장직을 더이상 수행할 수 없었을 때, 나는 펠릭스 바일이나 친구인 폴록이 그 자리를 이어받을 것이라고 생각했다. 그러나 바일은 학위를 거부하고 '학교 밖의 학자'로 머물고 싶어했다. 자신이 운영하는 출판사와 아버지의 사업을 함께 돌보아야만 했기 때문에 연구소에 전념할 수 없다는 부담감도 작용하고 있었다. 그는 연구소의 후원자로 남기를 원했다. 폴록 역시 연구자로서보다는 실무자로서 연구소에 기여하고 싶어했다. 결국 연구소의 소장직은 내가 맡아야만 했다.

나는 그때 사회철학이 움직이지 않는 진리를 탐구하는 하나의 동떨어진 학문일 수는 없다는 점을 연구소 회원들에게 강조했다. 학문간, 그리고 학문과 현실 간의 긴밀한 관계 속에서만 좋은 연구결과가 나올 수 있기 때문이다. 나는 첫번째 연구과제로 독일 및 유럽의 노동자, 피고용자들의 태도를 조사하기로 했다. 자료 조사와 통계 수치를 활용하면서 내용을 분석하는 과정 속에서 연구의 기초가 축적

Die Frankfurter Schule

프랑크푸르트 학파의 거장들

프랑크푸르트 사회연구소의 소장이 된 호르크하이머가 그의 동료들을 넉넉하게 품고 있는 모습의 캐리커처. 아래 인물들은 왼쪽부터 마르쿠제, 아도르노, 하버마스다. 프랑크푸르트 학파의 사상은 일반적으로 '비판이론'으로 불린다. 그들은 사회적 이해관계, 갈등, 모순이 사고에 표현되는 방식과 그것들이 지배체제하에서 생산 및 재생산되는 방식에 관심을 기울였다. 이러한 고찰을 통해 그들은 지배의 근원에 대한 자각을 고양시키고, 이데올로기를 약화시켜 의식과 행위에 변화를 야기하려 했다. 프랑크푸르트 학파는 통제라는 중심적 문제뿐만 아니라 분업, 관료주의, 문화양식, 가족주의에 관련된 논점을 부각시킴으로써 비판에 관련된 용어를 결정적으로 확대시켰으며, 정치적인 것의 개념을 변화시키는 데 기여했다.

되고, 현실의 실감을 공유할 수 있을 것이라고 생각했다.

연구소 기관지의 성격도 정리할 필요가 있었다. 그륀베르크 시절의 기관지는 연구소 내외의 여러 관점들의 집합체 구실을 하는 동시에 그륀베르크 자신의 공산당 활동의 발판이 되는 것이었다. 하지만 당시 나는 연구소의 연구내용과 입장만을 전달할 수 있는 지면이 필요하다는 의식을 강하게 갖고 있었다. 뢰벤탈(L. Löwenthal)이 편집을 맡은 「사회연구」*Zeitschrift für Sozialforschung* 1호에는 폴록, 아도르노, 프롬(E. Fromm), 뢰벤탈 등의 동료들 그리고 나의 글이 실렸다.

그런데 현실에 대한 사회학적 비판을 수행하는 데 맑스의 이론만으로는 충족되지 않는 부분이 있다는 것을 그때 발견했다. 맑스의 사적 유물론만으로는 완전히 해명되지 않는 인간 정신의 측면들을 설명하기 위해서 나는 심리학 혹은 정신분석학을 연구소에 도입할 필요를 느꼈다. 프롬은 이 부분에서 많은 공헌을 했고, 30년대 초반 마르쿠제가 연구소에 들어오면서 더 많은 연구의 축적이 생겼다. 사람들은 맑스와 프로이트를 사이좋게 결합시킨 우리 연구소의 이론을 넓은 의미에서 '비판이론', 그리고 나와 아도르노, 마르쿠제, 프롬, 폴록, 뢰벤탈, 벤야민(W. Benjamin) 등을 일컬어 '프랑크푸르트 학파'라고 불렀다.

1933년 히틀러의 나치당이 집권하면서, 유럽은 전쟁의 기운에 휘말리기 시작했다. 나는 유대인이라는 이유로 대학에서 해직되었고, 연구소도 폐쇄되었다. 프랑크푸르트 대학 사회연구소 소속 연구원들의 대부분은 유대인이었지만, 그것이 공동의 문제가 되었던 적은 한 번도 없었다. 마치 초기의 연구소가 맑스의 이론을 껴안으면서도 정당 활동은 각 개인들의 선택에 맡겨두었던 것처럼, 연구소의 멤버들은 편견이나 권위, 파시즘에 대한 연구의 주제로 유대인 문제를 다루었을 뿐, 직접적으로 유대인으로서의 자의식을 깊이 표방한 것은 아니었다. 물론 우리 안에 유대교의 도덕적 경건성과 상류 부르주아 계층의 생활방식이 공통적으로 흐르고 있었다는 점은 부인할 수 없다.

우리는 처음에 뿔뿔이 흩어졌다가 뉴욕에 있는 컬럼비아 대학에 임시로 둥지를 틀었다. 전쟁의 기운으로부터는 한 발 떨어져 있었기 때문에 목숨은 부지할 수 있었지만, 막막했다. 그때 우리가 할 수 있는 일이란 파시즘이 횡행하는 자본주의적 현실이 어떻게 가능하게 되었는지 학문적으로 밝히는 것 정도였다. 정말, 그 정도의 일밖엔 할 수 없었다. 아우슈비츠에서 매일 수백 명의 무고한 생명이 이유도 없이 죽어 나갔지만, 우리에겐 불의에 맞서 싸우거나 최소한 항의할 힘조차 주어지지 않았다. 살아 있다는 것이 치욕스럽기조차 했지만, 우리는 묵묵히 그 시절을 견뎌냈다. 온 세상이 광기의 도가니에 휩싸인 것 같았다.

우리는 파시즘의 결정적 요인을 개별적 시민의 심리학, 이른바 '권위주의적 퍼스낼리티'에서 찾았고, 『권위와 가족에 관한 연구』와 같은 연구에서 권위주의가 가족 단위에서 어떻게 강요되고 있는가를 밝히려고 했다. 파시즘은 부르주아 사회에 대립하는 것이 아니라 그 필연적 귀결이며, 전체적·권위주의적 국가의 등장은 자본주의의 독점 상태에 상응하는 사회 제도와 이론을 탄생시킨다는 전제하에서. 부르주아 파시스트 체제의 동맹은 프롤레타리아에 대한 공포에서 발생하고, 파시즘의 특수 현상은 독점 자본주의의 일반적 현상이다. 그러므로 파시즘과 자본주의, 반유대주의에 대한 우리의 비판은 모두 동일한 원천으로부터 출발한 것이다.

한편 '사회에 대한 예술의 비판적 성격'도 이 시기 우리의 주된 관심사였다. 벤야민과 아도르노와 마르쿠제는 모두 미적 상상력을 유토피아적인, 따라서 해방적인 기능으로 보았다. 끝까지 유럽에 남아 있기를 고집했던 벤야민은 결국, 피레네 산맥을 다 넘기도 전에 목전까지 와 있던 파시스트들을 피해 자살로 생을 마감했다.

전쟁은 사람을 피폐하게 만든다. 직접 총을 들고 전장에서 싸우는 병사들은 물론이고, 후방에 있는 사람들에게도 전쟁은 피할 수만 있다면 피하고 싶은 극도의 공포와 불안의 대상이다. 전쟁 기간 중 그 전쟁을 불러일으킨 독일 파시즘의 움직임을 보면서 나는 인간의 무기력함에 대해 다시 한 번 생각했다. 지식도, 문명도, 종교도 전쟁의 광기 앞에서는 무기력했다. 자연과 싸우며 일구어낸 인간의 역사가 한 순간에 재로 변하고, 죄 없는 인간들이 단지 힘이 없다는 이유만으로 부당하게 폭력의 희생양이 되는 것을, 그때 나는 속수무책 바라보기만 했다. 더 나은 인류의 삶을 위해 철학을 사유하고 사회학을 연구하며 현실 정치와 긴장 관계를 유지하고자 했던 나의 의지가 삶과 죽음의 뒤얽힘 앞에서는 아무 것도 아니었다. 인간으로 산다는 것, 그리고 이성을 사용한다는 것에 대해 전면적으로 다시 고민할 필요를 느꼈다.『이성과 자기보존』,『이성의 부식』,『도구적 이성 비판』등이 그 고민의 결과물이다. 그리고 아도르노와 함께 쓴『계몽의 변증법』도.

1934년 뉴욕으로 거처를 옮긴 후 연구소 활동에 가장 큰 문제로 다가왔던 것은 재정 문제가 아니라, 언어의 문제 그리고 문화적 적응의 문제였다. 우리는 그때 연구소의 기관지를 독일어로 발표하면서 그것이 독일 문화에서 절멸의 위협에 처해 있는 인간주의적인 전통을 보존하는 데 필수적인 역할을 한다고 확신했다. 뉴욕 시절의 연구소는, 기울어가고 있는 독일 문화의 최후 보루였다. 연구소의 회원들은 언어가 사고에 미치는 영향을 잘 알고 있었으므로 나치가 독일의 모든 것을 대표하는 것을 막기 위해서는 모국어인 독일어로 글을 발표하는 것이 유일한 방법이라고 확신했다.

벤야민의 말처럼 모든 문명은 야만의 기록에 불과한 것인지도 모른다. 모든 인류가, 아니 지구상에 존재하는 모든 생명들이 조화롭고 평화롭게 사는 일은 불가능한 소망에 불과한 것일까. '더 나은 것'은 언제나 힘을 가진 소수를 위한 더 나은 것에 불과했고, 지배의 체계는 점점 더 완강해지는 것만 같았다.

하지만 진리를 포기할 수는 없다. 지배의 수단으로 전락하고 만 이성을 구제하고 계몽을 계몽하는 일, 그것이 더 나은 세계를 위해 나에게 부여된 사명일 것이고, 그것을 수행하는 것이 나의 운명일 것이다.

1973년 7월, 나는 너무 오래 살았다. 하지만 내게 부여된 운명의 몫을 감당하기엔 시간이 너무 모자랐다.

2. 아도르노—나를 말한다

베토벤의 소나타와 바로크 시대의 교회 음악이 집안을 감싸고, 정원의 나무와 꽃들이 따뜻한 햇빛 속에서 반짝거리던 나른한 오후의 풍경을 기억한다. 별로 특이할 것도 없는 내 유년의 일상이다. 어머니는 수를 놓거나 콧노래를 나직이 부르며, 이모와 내가 치는 피아노 연주를 흐뭇하게 바라보고 계신다. "테디, 실력이 많이 늘었구나!" 어머니의 칭찬은 언제나 나를 즐겁게 한다. '나는 훌륭한 음악가가 될 것이다. 음악만이 세상을 평화롭게 하고, 조화롭게 하고, 밝게 한다. 음악만이 세상을 구원한다.' 조숙하고 영리한 아이. 나, 테오도르 루트비히 비젠그룬트 아도르노(Theodor Ludwig Weisengrund Adorno). 1903년 프랑크푸르트 출생.

그 시절에 관한 내 기억의 스냅들 속에서 아버지를 발견하는 것은 쉽지 않다. 성공한 주류 상인이었던 아버지는 내게 냉담한 편은 아니었지만 늘 바쁘셨다. 제네바 총독 가문의 후손이자 처녀 시절 유명한 성악가였던 어머니와 피아노 연주자였던 이모가 언제나 나

아도르노의 철학은 흔히 '부정변증법'으로 불린다. 그의 사유가 갈
등과 모순의 경험에서 출발하기 때문이다. 그의 철학은 화해라는 허
구를 향한 진보를 거부하고, 대신 진정한 화해를 위해 현재 모순들의
화해 불가능성을 강조한다. 그는 도무지 타협이라곤 모르는 원칙주
의자였고, 정직한 엘리트였다.

를 세심하게 보살펴 주셨기 때문에 아버지의 빈 자리가 크게 느껴졌
던 적은 없었다. 프랑크푸르트의 사회연구소가 나치의 공격을 피해
서 뉴욕으로 자리를 옮겼을 때, 유대인이었던 아버지의 성을 큰 갈등
없이 버릴 수 있었던 것도 어쩌면 아버지에 대한 부채가 상대적으로
적었기 때문인지도 모른다. 아도르노는 내 어머니 집안의 성이다.

프랑크푸르트의 김나지움에 다닐 때, 크라카우어와 일주일에

한 번씩 칸트의 『순수이성비판』을 함께 읽었다. 나보다 14살이 많았던 그는 얼마 지나지 않아 곧 독일에서 가장 저명한 문화 비평가이자 영화 평론가 중 한 사람이 되었다. 크라카우어로부터 나는 철학 텍스트를 역사적, 사회적 진실의 기록으로 해독하는 법을 배웠다. 그리고 역사와 현실의 구체적 구현체로서의 문화에 대해 이야기하는 법도. 그것은 연구소에서 대중문화에 관한 연구를 할 때, 그리고 『계몽의 변증법』에서 문화산업과 관련된 장을 구상할 때 많은 도움이 되었다. 칸트와의 인연은 대학에 들어가 신칸트주의자였던 코르넬리우스를 만나고 호르크하이머와 『계몽의 변증법』을 구상할 때까지 계속되었다. 칸트가 말했던 '이성'과 '계몽'이라는 개념은 내 철학적 사유의 중요한 키워드이다.

대학에 들어간 이후에도 내 일차적 관심은 음악에 있었다. 코르넬리우스의 지도로 쓴 박사학위 논문 「후설의 현상학에서 물적인 것의 초월과 노에마적인 것」을 집필할 때도 음악과 철학을 결합하는 것이 중요한 화두로 자리잡고 있었다. 이후로도 어떤 글을 쓰든지 그것은 항상 문제가 되었다. 하지만 내가 '음악적인 글쓰기'에 성공했는지는 장담할 수 없다. 사람들은 내 글이 어렵다고 하는데, 그것은 쉽게 이해되는 것은 철학이 아니라는 강박이 내 안에 있었기 때문이기도 하지만, 글쓰기 방법 즉 표현의 문제 때문이기도 할 것이다. 결국 1925년 나는 알반 베르크(A. Berg)와 쇤베르크(A. Schönberg)로부터 음악이론과 작곡법을 배우기 위해 빈으로 갔다. 대학 시절에 보

쇤베르크, 「정야(靜夜)」(작품4 편안하는 위한 변주곡 작품 31」의 음반자켓

20세기 사상가 중에서 가장 음악에 밝았던 아도르노. 쇤베르크는 아도르노에게 음악을 철학적으로 사유하는 법, 아니 철학을 음악적으로 사유하는 법을 가르쳤다. 그가 창안한 12음기법과 표현주의 음악은 아도르노의 철학적 사유에 중요한 힘이 되었지만, 확실히 '즐길 만한' 것은 아니었다. 그의 음악은 편안한 정서적 공감을 불러일으킨다기보다는 끈질긴 인내와 해석의 고통을 요구한다.

았던 베르크의 오페라 「보체크」는 내게 커다란 충격과 감동을 주었고, 쇤베르크의 '무조(無調)음악'과 표현주의는 현실에 대한 예술의 새로운 이해로 신선하게 다가왔다. 하지만 빈에서의 음악 공부는 내게 만족스럽지 못했다. 아마 나의 지나친 이론 중심주의와 정치적 자의식이 문제였을 것이다.

예술가로서의 삶을 포기하고 프랑크푸르트로 돌아온 나를 기다리고 있던 것은 철학가로서의 삶이었다. 호르크하이머와 틸리히(P. Tillich), 만하임(K. Mannheim), 뢰벤탈, 폴록 등이 주도하는 '작은 꽃다발'이라는 모임에 참석하면서 사회연구소와도 관계를 맺기 시작했고, 교수 자격논문을 위해 키에르케고르를 공부했다. 이제 음악은 '가지 못한 길'이 되었지만, 철학을 음악적으로 사유하는 문제는 여전히 내게 중요했다.

그륀베르크의 후임으로 연구소의 소장이 된 호르크하이머와는 코르넬리우스가 주도하던 한 세미나에서 처음 만났다. 성공한 유대인 사업가의 아들인 그는 활달하고 사교적인 사람이었다. 그와 나는 문학과 예술을 좋아한다는 점, 그리고 당시 유행하던 자유주의적 사회주의에 마음이 쏠렸다는 점, 그리고 심리학에 매력을 느꼈다는 점 등 많은 공통점을 갖고 있다는 것을 알게 되었고, 곧 서로에게 호감을 느끼게 되었다. 우리는 오랫동안 좋은 우정을 유지했고, 미국 망명 시절에는 파시즘과 계몽에 관한 철학적 단상들을 주고받기도 했다. 그때의 공동작업이 『계몽의 변증법』이라는 책으로 묶여 나온 것은 전쟁이 끝난 지 2년 만의 일이다.

나치당이 독일에서 정권을 장악하고 유대인 문제가 그들의 전쟁을 합리화하는 논리로 활용되는 것을 목도하면서도 나는 독일을, 아니 유럽을 떠나고 싶지 않았다. 독일에서 활동하는 것이 더이상 불가능해졌을 때 나는 차선으로 영국을 택했다. 하지만 옥스퍼드의 학자들과는 지적인 관심사와 문화적 취향이 무척 달랐기 때문에 의미

있는 교류를 기대하기 어려웠다. 결국 호르크하이머가 있는 뉴욕으로 건너간 나는, 망명지에서 비로소 연구소의 공식 일원이 되었다.

영국에 있을 때 연구소 기관지에 발표한 두 편의 글, 「재즈론」과 「음악의 물신적 성격과 청각의 퇴행」이 모두 음악과 관계된 것이었기 때문인지, 뉴욕에서 내게 주어진 일자리는 '프린스턴 대학 라디오 리서치 프로젝트'의 음악분과 비상임 연구원으로 대중문화를 고찰하는 것이었다. 하지만 그 작업은 그다지 만족스럽지 못했다. 연구 파트너인 라자르스 펠트가 제안한 경험적 사회과학 방법론과 나의 비판적 방법론이 조화를 이루지 못했기 때문이다. 록펠러 재단으로부터 받던 재정 지원이 끊어지면서 프로젝트는 자연스럽게 중단되었다.

1940년 벤야민이 자살했다. 벤야민의 죽음은 내게 더할 수 없이 큰 슬픔과 절망을 주었다. 인간에 대한 애정과 역사에 대한 믿음이 누구보다 강했던 벤야민은 죽는 순간까지 클레의 「새로운 천사」를 놓지 않았다고 한다. 미래로 날개를 펼친 채 과거를 응시하는 클레의 천사는 벤야민의 메시아적이고 계몽적인 「역사철학 테제」의 회화적 얼굴이다. "희망 없는 자들을 위해서만 희망은 우리에게 주어지는 것"이라고 말했던 벤야민의 말을 나는 아직도 기억한다.

내가 벤야민을 처음 알게 된 것은 키에르케고르로 박사논문을 준비할 때였다. 나는 그때, 벤야민의 『독일비극의 기원』을 읽고 깊은 감명을 받았고, 이후로 벤야민의 철학적 작업을 관심 있게 지켜보았다. 벤야민의 사상을 한두 마디로 정리하는 것은 불가능한 일이다. 그는 철학이 본질적으로 주석과 비판으로 이루어진다고 보았다. 그는 자신의 작업 전체를 통해 '언어'와 '경험'에 대한 사유를 진행시켰다. 벤야민은, 완전한 신의 언어와 구별되는 인간 언어의 불구성에 대해 이야기했다. 말과 사물 간의 뿌리깊은 간극이 인간의 언어가 갖는 불구성의 내용이라면, 그것은 동시에 이성의 한계를 뜻하는 것이기도 하다. 호르크하이머와 내가 『계몽의 변증법』에서 추상적 언어에 의한 이성의 개념적 사고를 비판적으로 바라볼 수 있었던 것도 벤야민에게 힘입은 바 크다.

하지만 나와 호르크하이머는 벤야민이 가진 역사에 대한 낙관성이나 정치적 실천을 강조하는 태도에는 쉽게 동의할 수 없었다. 벤야민은 「기술복제 시대의 예술품」에서 현대 과학기술이 대중문화에 미치는 진보적 영향에 대해 낙관적으로 평가했지만, 우리는 '문화산업'의 가공할 체계와 지배의 논리를 비판하는 일을 더 시급하게 느꼈다. 벤야민이 헤겔을 비판하며 종교적이고 묵시론적인 역사관에 시선을 돌리기 시작했을 때, 나는 반대로 헤겔을 다시 읽기 시작했다. 그리고 그 결과 계몽을 구출할 수 있는 하나의 가능성으로 '능동적이고 반성적인 주체', '반성적 사유'를 긍정할 수 있게 되었다.

사람들은 나의 철학적 방법론을 흔히 '부정의 철학'이라고 부른다. 틀리지 않은 말이다. 나는 존재하는 모든 사물과 그것을 인식하는 인간의 사고활동이 언제나 긍정적인 진보의 길로 향하고 있다고

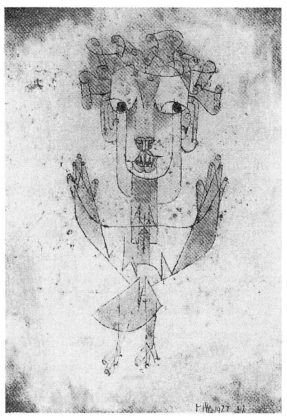

파울 클레, 「새로운 천사」, 1920년

맑스주의 전통 내에서 가장 중요한 문화 이론가 발터 벤야민. 그는 「역사철학 테제」에서 이렇게 말했다. "역사의 천사는 그런 모습을 하고 있음에 틀림없다. 그는 얼굴을 과거를 향해 돌리고 있다. 우리 앞에 나타나는 일련의 사건들에서 그는 끊임없이 파편 위에 파편을 쌓으며 이 파편들을 그의 발 앞에 던지고 있는 파국만을 보고 있다. 그는 잠시 머무르면서 죽은 자들을 깨우고 부서진 것들을 맞춰 세우고자 한다. 그러나 낙원에서부터 펼쳐진 날개로 불어오는 세찬 폭풍은 너무도 거세어서 천사는 날개를 더이상 접을 수가 없다. 이 폭풍은 천사를 쉴새없이 그가 등 돌리고 있는 미래로 몰아가고, 파편더미는 그의 앞에 하늘에 닿을 듯 쌓인다. 우리가 진보라고 일컫는 것이 비로 이 폭풍이냐." 신보의 폭풍, 이것이야말로 아도르노와 호르크하이머가 말했던 "계몽의 자기 파괴적 성격"이 아니었을까. 아흐, '진보의 폭풍'으로부터 이 세계를 구할 자는 누구이냐.

생각하지 않는다. 아니, 인간이 만들어낸 역사의 진보 속에는 언제나 부정적인 것이 포함되어 있고, 그 부정적인 것이 극단으로 치달으면 필연적으로 몰락의 길을 갈 수밖에 없는 것이라고 생각한다. 그러므로 이성과 합리성에 의한 역사적 진보의 한 극단에서 파시즘을 만나는 것은 우연이 아니다.

그런 의미에서 호르크하이머와 나는 생각이 통했다. 우리에게는 동일성의 원리도, 형이상학적 체계화도, 경험주의도 모두 의심의 대상이었다. 우리의 철학적 태도는 '의심하는 것' 그리고 그 의심을 낳게 하는 계몽과 이성의 체계를 그 근원에까지 파헤쳐 들어가는 것이었다. 그래서인지 사람들은 부정하고 비판하는 것으로 채워져 있는 우리의 작업을 '20세기의 가장 어두운 사유'라고 말한다. 하지만 부정의 부정은 또 다른 차원의 긍정과 만날 수 있다고 우리는 믿었다. 계몽을 계몽하는 것, 즉 이성을 계몽하는 것은 끊임없이 반성하고 긴장하는 주체를 통해서만 가능한 일이며, 그런 주체의 사유를 찾아내는 일이 우리에게 맡겨진 철학적 의무라고 믿었다.

1941년, 나는 호르크하이머가 있는 캘리포니아로 갔다. 자본주의적 상품 원리에 좌우되는 미국의 저급한 대중문화에 신물이 나 있던 데다 벤야민의 죽음으로 상심이 심했던 터라 따뜻하고 조용한 곳에서 휴식을 취하는 것도 나쁘지 않을 것 같았다. 그곳에서 우리는 『계몽의 변증법』과 관계된 단상들 대부분을 구상했다. 이 책의 초고는 호르크하이머와 내가 주고받는 대화를 아내인 그레텔이 녹음한 것을 토대로 했다. 한 편의 논문(「계몽의 개념」)과 그 논문에 대한 두 편의 부연설명(「오디세우스 또는 신화와 계몽」, 「줄리엣 또는 계몽과 도덕」), 그리고 세 개의 부록(「문화산업」, 「반유대주의적 요소들」, 「스케치와 구상들」)으로 이루어진, 하버마스의 표현에 의하면 '기이한' 구성을 한 책이다. 이 책의 전체 텍스트는 1944년에 완성되었지만, 책이 세상에 나온 것은 3년 후인 1947년, 네덜란드의 암스테르담에서였다. 하지만 이 철학적 단상들은 우리 둘만의 것이 아니다. 그 안에는 헤겔과 맑스 그리고 프로이트와 벤야민, 칸트와 니체, 호메로스와 사드 등이 숨쉬고 있기 때문이다.

『계몽의 변증법』은 흔히 사람들이 생각하듯 도구적 이성에 대한 철학적 비판의 차원에만 머무는 것이 아니다. 우리는 동일성의 사유 자체를 비판적으로 바라보고 싶었다. 중심화되고, 체계화되고, 반성하지 않는 사유가 얼마나 위험한 것인지 '아우슈비츠'의 경우를 통해 너무나 뼈저리게 경험했기 때문이다. 문명의 발전과 진보에도 불구하고, "왜 인류는 진정한 인간적인 상태에 들어서기보다 새로운 종류의 야만 상태에 빠지게 된 것일까". 우리 시대에 새롭게 만들어진 이데올로기의 정체를 밝히는 것 이전에 진리에 대한 두려움 속에서 경직된 '계몽'의 정체를 밝혀내는 것, 그래서 궁극적으로는 그 경직된 계몽을 계몽해내는 것이 우리의 목표였다.

그때 우리가 보았던 것은 인간을 위한 진보와 발전이 억압과 파괴의 길을 가고 있다는 사실이었다. 계몽의 긍정성은 무엇보다도 그것이 인간으로 하여금 자유의지를 갖게 하고 사회적 자유를 확보할 수 있도록 한다는 데 있을 것이다. 그러나 어떤 역사적 국면에서 계몽은 전쟁과 독재, 관리되는 세계로의 퇴보를 의미하는 것이기도 했다. 사상이 자본주의의 상품으로 전락하고 사유의 형식인 언어가 상품 선전의 도구가 되어 가는 현실 속에서 계몽의 자기 비판을 촉구하는 일말고 우리가 할 일이 달리 무엇이었겠는가.

계몽을 이야기한다는 것은 사실 조심스러운 일이다. 그 동안 너무나 많은 계몽들이, 그리고 계몽의 담론들이 넘쳐났기 때문이다. 18세기와 19세기에는 특히 그러했다. 그렇다고 해서 흔히 생각하듯이 '계몽주의'가 계몽의 시작이라거나 모든 것을 다 말해준다고는 할 수 없다. 계몽의 역사는 인류의 역사와 다르지 않기 때문이다. 바꿔 말하면 신화 속에도 이미 계몽의 싹이 숨어 있고, 계몽은 사실을 신화화함으로써 다시 신화로 되돌아가기 때문이다. 그런 의미에서 신화와 계몽의 뒤엉킴, 그 자체가 바로 역사를 구성하는 이성의 표정에 다름 아니다.

이성이 도구화되는 데는 몇 가지 이유가 있겠지만, 그 중 핵심적인 것은 이성을 계몽하는 작업이 '언어'와 '반복'을 통해 형성된다는 점으로부터 비롯된다. 반복적으로 정신에 각인되고 신체에 새겨진 내용들은 어느 순간 자명한 것으로 둔갑하고, 그것이 자명한 것으로 인식되는 순간 반성은 불가능해지며 이성은 이데올로기의 도구로 전락한다. 전략적 차원에서, 우리 역시 '반복적으로' 몇 가지 핵

1947년 네덜란드 암스테르담에서 출판된 『계몽의 변증법』 표지.

"진보적 사유로서의 계몽은 인간에게서 공포를 몰아내고 인간을 주인으로 세운다는
목표를 추구해 왔다. 그러나 완전히 계몽된 지구에는 재앙만이 승리를 구가하고 있다."
인간 이성과 문명에 대한 근원적인 비판을 담고 있어 이미 20세기 고전의 반열에 오른
『계몽의 변증법』. 저자들은 앞으로 나아갈 수도, 뒤로 돌아갈 수도 없는 계몽의 딜레마
속에서 "야만 상태에서 벗어날 수 있는 희망의 불빛을 찾을 수 없다"고 절망한다. 위르
겐 하버마스는 이 책을 가리켜 "세계에서 가장 어두운 책 중의 하나"라고 불렀다.

심적인 주제들을 설명하기로 했다. 이를테면 파시즘은 계몽이 보여

주는 자기 파괴의 실제적 결과로 매번 언급된다.

　　호르크하이머와 함께 했던 작업이 동일성의 철학을 비판하고

비동일성의 철학에 대한 가능성을 고민해 본 것이라면, 『부정의 변

증법』은 그것을 심화시킨 것이다. 여기서 나의 관심은 그 동안 철학

사 안에서 한 번도 주목받지 못했던 비개념적인 것, 비동일자, 질적

인 것, 특수한 것, 개별적인 것으로 나아갔다. 주체를 중심에 두고 사고하는 것에서 벗어나 객체 중심으로 사고하는 것, 나아가 주체와 객체 사이의 위계적 질서 자체를 깨뜨리는 것이 이 작업의 목표였다. 이것만이 『계몽의 변증법』에서 이야기했던 계몽의 계몽, 즉 계몽을 구제하는 진정한 길이라고 생각했다.

전쟁이 끝났다. 나는 살아남았고, 다시 독일로 돌아와서 대학에 자리를 잡았다. 호르크하이머와 나는 프리드리히 폴록과 함께(우리는 폴록의 쉰번째 생일 때 『계몽의 변증법』을 그에게 헌정했다) 『계몽의 변증법』에 언급된 관념들을 더 발전시키기 위해 '사회연구소'를 재건했다. 처음에는 호르크하이머와 연구소의 공동대표로 일하다가 1953년부터는 나 혼자 연구소의 중책을 감당해야 했다.

하지만 마음 한 구석에는 늘 살아남았다는 것 자체가 말할 수 없는 부채로 자리잡고 있었다. 전쟁 중에 나는 불의에 대해 무기력했다. 아니, 그 불의의 공포로부터 도망치고만 싶었다. 인간을 인간답게 하는 것으로서의 이성이 인간을 가장 비인간적인 것으로 만들어 버릴 수도 있다는 사실 앞에서 나는 경악했다. 아우슈비츠는 여전히 내게 '이해되지 않는 과거'였다. 오랫동안 자문해 보았다. '아우슈비츠 이후에도 너는 계속 살아갈 수 있는 것인가. 특히, 당연히 죽임을 당했어야 할 사람으로 운이 좋아 죽음을 모면했다고 계속 살아도 되는 것인가. 이 생존은 그것만으로도 부르주아 주관성의 기본 원칙인 냉담함을 요구한다. 그것이 없었더라면 아우슈비츠도 없을 그 냉담

함을. 이것이 살아남은 자의 근본적인 죄책감이다.'

그럼에도 불구하고 실천이라는 미명하에 정치와 타협하거나 그 활동에 동참하는 일이 내게는 옳지 못한 것으로 여겨졌다. 루카치(G. Lukács)는 내게 '심연이라는 초호화 호텔에 살고 있다'고 말했지만, 어딘가에 개입함으로써 그밖의 것들에 대해서 편협해지거나 비판의 긴장을 놓치게 된다면, 그것은 또 얼마나 어리석은 일인가. 그러므로 '비타협' 혹은 '불참여'는 그 자체로 내 정치적 입장이었다. '강요된 화해'를 도모하느니 고독하게 원칙을 지키고 싶었다. 『최소한의 도덕 : 상처 입은 삶에서 나온 성찰』은 이와 같은 고민 속에서 나온 글이다.

헤겔은 "전체는 진리다"라고 말했지만, 나는 "전체는 비진리다"라고 말하고 싶다. 어디에도 완전한 유토피아는 없다. 단지 특정한 국면에서만 전체가 드러난다. 그리고 그 특정한 국면은 대부분 예술의 세계에 속해 있다. 그런데 예술의 피치 못할 요소인 가상(假像)은 가상이 아닌 것, 즉 현실로부터 예술에 주어지는 것이다. 대체 가능한 교환의 세계에 대한 저항에서 지울 수 없는 것은 세계의 색깔이 바래는 것을 원치 않는 눈의 저항이다. 그러므로 가상이란 비가상의 약속, 보다 나은 세계에 대한 약속이다. 비현실의 차원에서 현실을 구원하는 것으로서의 예술, 이것이 『예술이론』에서 내가 말하고자 했던 것이다.

68혁명은 내게도 현실적인 실천의 가능성을 다시 생각해 볼 수 있는 기회를 주었다. 하지만 나는 끝까지 불참여, 비타협의 원칙을 고수했다. 직접적인 행동은 내가 할 수 있는 일이 아니었다. 독일의 학생들은 진정으로 세상을 바꾸고 싶어했다. 그래서 그들 중 몇몇이 성급하게 내 강의실로 뛰어들었을 때도 그들을 나무라고 싶지 않았다. 그들은 나를 이해하지 못했지만 상관없다. 젊은이들의 열정은 때때로 성급한 법이니까. 단지, 세상을 사랑하는 방식은 하나가 아니라고 말해주고 싶긴 했다.

69년 8월, 스위스의 하늘은 맑았고 바람은 서늘했다. 하지만 나는 그곳의 가을 하늘이 어떠했는지 모른다.

2장
뫼비우스의 변주곡,
계몽과 신화의 변증법

이탈리아 아트록 밴드인 Reale Accademia Di Musica의 2집 앨범 자켓 그림.

숲속 난쟁이들의 축제. 하늘에는 해와 달이 밝게 떠있고, 산들바람이 피리소리를 향기롭게 실어 나른다. 나뭇가지 사이로 고개를 내밀고 나른한 표정으로 음악을 즐기는 난쟁이들의 익살스런 모습. 그런데 저기 뒷쪽에서 혼자 웅크리고 있는 저 난쟁이는 무엇을 보고 있는 것일까? 멀리서부터 어두운 그림자를 끌고 쿵쿵, 다가오는 "계몽"의 발소리. "이제, 평화로운 놀이터도 끝장났구나."

1. 원숭이 우화

옛날 옛적 어느 평화로운 숲속에 원숭이들이 살고 있었다. 먹을 것은 풍부했고, 잠자리는 넉넉했다. 심심하면 나무와 나무 사이를 뛰어다니며 타잔 놀이도 맘껏 할 수 있었다. 지상낙원, 그야말로 원숭이들의 천국이었다. 그러던 어느 날, 부족한 게 없어서 너무너무 지루하고 심심하던 원숭이 한 마리가 나뭇가지 두 개를 비비며 놀다가 얼떨결에 불을 내고야 말았다. "어라? 이게 뭐야! 동네 사람들, 아니 동네 원숭이들아, 이것 좀 봐요!!" 순식간에 모여든 원숭이들은 신기한 듯 너나 없이 정신을 잃고 불장난에 몰두했다. "와! 대단한 걸. 불을 피우니까 깜깜한 밤이 대낮처럼 밝군." "아예 나무에 불을 붙여보자. 더 밝아질 거야." "그래 그래, 낄낄……" 다음 날 아침, 다 타버린 숲속에 원숭이 몇 마리가 망연자실하고 앉아 있었다.

　이 이야기를 읽고 원숭이들이 불쌍하다거나 멍청하다고 생각해서는 곤란하다. 이 우화는 다름 아닌 바로 우리들 자신에 관한 이야기이기 때문이다. 우화 속에 등장하는 원숭이들은 어둠을 밝히는 계

앙리 루소, '유희들', 1906년

삼림이 울창한 정글 속에 원숭이들이 모여 있다. '불'을 발견하기 전, 평화로운 숲속에서 한 컷. '불'은 계몽의 시작이자 문명의 계기이다. 인간은 '불'을 발견함으로써 자연과 결별하고 이 세계의 지배자가 된다. 이 그림을 그린 앙리 루소는 프랑스 세관에서 근무하는 공무원이었다. 그는 비록 아마추어 화가였지만, 피카소를 비롯한 아방가르드 화가들은 웬일인지 그의 작품에 환호했다.

몽의 화신이자, 이 세계의 지배자인 인간에 다름 아니다. 계몽이라는 불을 발견하고 그것이 인류를 무한한 진보의 길로 인도해 줄 것이라고 믿어 의심치 않았던.

불이란 무엇인가. 어둠을 밝히고, 추위를 피할 수 있게 하며, 먹거리를 가공하고, 맹수의 공격으로부터 보호해 주는 인류 최초의 무기이자 도구! 불을 발견함으로써 인류는 더이상 한낱 피조물이 아닌 존재가 되었고, 그 불을 사용함으로써 자연을 지배할 수 있는 힘을 갖게 된 것이다.

우리말로 계몽(啓蒙)이라고 번역되는 영어의 'enlightenment' 는 '빛을 비추다' 혹은 '어둠을 밝히다' 라는 의미를 담고 있는 말이다. 어두운 곳에 빛을 비춤으로써 그것의 정체를 밝히는 빛은 그러나 스스로를 비추지는 않는다. 빛은 어둠을 밝힘으로써 그 어둠에 대한 공포를 몰아내고 미지(未知)의 것을 기지(旣知)의 것으로 바꿀 뿐이다. 그렇게 함으로써 그 대상을 지배하는 것, 이것이 계몽의 목표이다. 그러나 원숭이들의 불이 어둠을 밝히는 신비로운 빛인 동시에 평화로운 숲을 순식간에 태워버린 무서운 존재였던 것처럼, 인류에게 있어 계몽의 빛은 발전과 진보의 과정으로만 나아가지 않는다. 기아와 살육, 약탈과 지배로 대표되는 인류의 어두운 역사는 모두 계몽 속의 반(反)계몽, 문명 속에 감추어진 야만의 얼굴이다.

그런 의미에서 아도르노와 호르크하이머는 "계몽의 역사는 퇴보의 역사이다" 라고 말한다. 그런데 '계몽의 역사가 퇴보의 역사' 라는 말과 '계몽의 변증법' 이라는 말을 동시에 생각하면, 약간의 의문이 생긴다. 헤겔이 말했던 변증법은 대결과 지양에 의해 자기 모순을 극복하고 통일을 이루어 가는 사물과 인식의 발전경로를 설명해 주는 개념어가 아니었던가. 그렇다면 '계몽의 변증법' 은 퇴보의 발전 경로라는 말인가? 이 무슨 말도 안 되는 형용모순이란 말인가. 도대체 아도르노와 호르크하이머가 말하는 계몽의 변증법은 어떻게 구성되는 것일까. 흥분을 가라앉히고 일단 '변증법'이라는 철학의 용어가 어떤 의미를 담고 있는 말인지 그것부터 차분히 살펴보자.

그리스어 dealektike로부터 유래한 변증법(dialetic)이라는 용어는 원래 대화술, 혹은 문답법이라는 의미를 가진 말이었다. 제논이라는 철학자가 상대방의 논리 속에 있는 오류를 논증함으로써 자기 입장의 올바름을 입증하기 위해 창안했던 대화의 기술이 변증법의 시초이다. 이것은 소크라테스와 플라톤에 의해 진리를 인식하기 위한 방법으로 중요하게 취급되기도 했다.

근대에 들어서 가장 먼저 변증법적인 사고를 자기 철학의 방법으로 삼았던 사람은 칸트였다. 칸트는 변증법을 이성이 빠지기 쉬운 잘못된 추론, 즉 '선험적 가상'의 잘못을 폭로하고 비판하는 '가상의 논리학'이라는 뜻으로 변증법을 사용했다. 결국, 제논으로부터 칸트에 이르기까지 서양 철학에서 변증법은 진리를 인식하기 위한 유력한 방법으로 사용되었던 것이다.

반면 헤겔에게 있어 변증법은 조금 다른 의미를 지닌다. 그는 인간의 인식이나 그 인식의 대상인 사물이 정(正), 반(反), 합(合)의 3단계를 거쳐서 전개된다고 생각했다. 정(正)은 자기 자신은 인식하지 못할지라도 언제나 그 속에 모순을 내포하고 있다. 그 모순이 밖으로 드러나는 단계가 반(反)이다. 합(合)은 이러한 정(正)과 반(反)이 자기 부정을 통해 통일된 단계에 이르게 되었을 때를 지칭하는 말이다.

이런 식으로 인식이나 사물은 자기의 모순과 대결하고 지양하는 과정 속에서 한 단계 높은 것으로 항상 변화하고 발전하게 된다. 이것을 역사발전 과정에 적용해서 원시시대보다는 봉건시대가, 또 봉건시대보다는 자본주의시대가 한 단계 발전한 형태라고 말하게 되는 것이다. 그리고 그러한 인식을 토대로 인류의 미래 역시 과거와 현재보다 더 발전된 형태일 것이라고 예측한다.

그런데 아도르노와 호르크하이머는 이것이 말도 안 되는 소리라고 말한다. 앞에서 보았던 것처럼 인류가 지나온 역사는, 그리고 지금 우리의 현실은 언제나 좋은 쪽으로만 발전하는 것이 아니라는 것을 보여주기 때문이다. 계몽의 변증법은 헤겔 식으로 변화와 발전을 거듭하는 진보의 나선형을 그리고 있는 것이 아니다. 그것은 오히려 발전과는 반대되는 퇴보의 노선을 따라가는 과정 속에서 만들어진다.

계몽, 이성, 문명, 빛이 하나의 범주 속에 묶일 수 있는 말이라면, 신화, 비이성, 야만, 어둠 역시 유사한 성격을 지닌 말로 분류할 수 있는 단어이다. 그러나 아도르노와 호르크하이머에게 있어 이 단어들은 완전한 이항대립의 쌍으로 존재하는 것이 아니다. 그들에게 있어 빛과 어둠이 하나이듯이, 신화와 계몽은 서로 다른 것이 아니다. "신화는 이미 계몽이었고, 계몽은 다시 신화로 돌아간다"라는 말이 그것을 잘 표현해 준다.

헤겔의 변증법을 다시 떠올려 보자. 계몽의 과정이 문명화 과정이고 이성의 자기 성장 과정[正]이라면, 신화는 계몽 안에 포함되어 있는 일종의 자기 모순[反]이다. 신화와 계몽은 역사 발전의 과정상 순차적으로 등장하는 것이 아니라, 동시적으로 뒤얽혀 있는 상태로 존재한다. 자기 안에 숨어 있는 야만과 어둠의 신화를 발견한 계몽은 그것과 투쟁하면서 새로운 무엇[合]이 되어 간다. 아도르노와 호르크하이머의 전략은 이 계몽 안에 숨어 있는 신화의 정체를 밝혀냄으로써, 퇴보의 노선을 다시 사유할 수 있는 가능성을 열어둔다.

그런 의미에서 『계몽의 변증법』은 두 가지 의미를 담고 있다. 하나는 변화와 발전의 가능성을 안고 질주하던 계몽이 봉착한 현실적인 한계를 지적하는 것, 즉 계몽의 역사가 보여준 퇴보의 흔적들을 짚어내는 것이다. 그래서 그들은 인류의 역사가 더 나은 것을 향해서 나아가는 진보의 노선과 정반대되는, 퇴보의 경로를 보여주고자 한다. 그리고 그 과정 속에서 진정한 의미에서의 계몽의 성격을 회복하는 것, 이른바 계몽의 계몽을 수행하는 것. 이것이 아도르노와 호르크하이머가 생각하는 두번째 전략이다.

계몽 안에 든 자기 모순의 정체를 밝혀내기 위해서는, 그리고 계속되는 계몽의 과정 속에서 동일한 실패를 경험하지 않기 위해서는 항상 부정과 반성의 사유를 접어서는 안 된다고 이들은 말한다. 부정과 반성, 이것이 두 사람이 『계몽의 변증법』에서 제시하는 유일한 대안이다. 그들은 여기서 어떤 철학적 개념이나 현실에서 존재하는 실천적 행위도 긍정하지 않는다. 그들은 계몽 안에 포함되어 있는 부정

파블로 피카소, 「게르니카」, 1937년

전쟁의 참상은 어떤 언어로도 완전하게 표현되지 않는다. 피카소는 이 한 장의 그림으로 대단히 많은 이야기들과 그것들에 대한 감상을 성공적으로 표현했다. 피카소의 표현방식은 특이하고 낯선 것이지만 그것조차도 현실 그 자체의 기괴함을 따르지는 못한다.

성〔反〕을 끊임없이 드러내 보여주지만 단일하고 통일된 합〔合〕의 형태를 제시하지 않음으로써 오히려 수많은 가능성을 열어 놓는다. 그들에게는 부정의 태도만이 현실을 돌파할 수 있는 유일한 희망이었다. 아도르노는 훗날 그의 책 『부정의 변증법』에서 헤겔 식의 동일성의 체계에 포섭되지 않는 '비동일자'와 '차이'에 관해 말함으로써 '계몽의 변증법'을 확장시킨다.

　피카소의 그림 「게르니카」를 떠올려 보자. 죽은 아이를 품에 안고 울부짖는 여인을 흰색 소가 내려다보고 있다. 포효하는 말의 발굽 밑(그것은 어느새 군화발로 바뀌어 있는데), 한 남자가 죽은 듯이 넘어져 있고, 그들을 내려다보는 시선들의 표정은 공포로 질려 있다. 구석에서 한 남자가 절규하고 있지만 아무도 그를 바라보지 않는다. 그림의 중앙 상단에서 낮은 조도의 전등이 공포와 암흑의 파편들을 차별 없이 비추고 있다. 피카소는 이 그림을 스페인 내전이 한참 진행 중이던 1937년에 그렸다. 그의 눈에 비친 세계의 무질서와 인간의 잔혹성은 정돈된 회화문법을 거스르고 비틀지 않고서는 도저히 표현할 수 없을 만큼 끔찍하고 무시무시한 것이었다.

아도르노와 호르크하이머의 눈에 비친 이 세계 역시 불타는 원숭이들의 숲, 이성의 이름으로 발전과 개발에 박차를 가하며 그 앞을 가로막는 것들을 무자비하게 제압하는「게르니카」의 세계와 다르지 않다. 원숭이들을 환호작약하게 했던 불이 한 순간에 숲을 집어삼켜 버렸듯이 계몽의 빛인 이성이 발전과 진보의 울타리를 넘어서 인간을 억압하고 파괴하는 어두운 퇴보의 길을 간다는 것이야말로, 이성과 비이성이 서로 뒤얽혀서 모순적으로 등장하는 계몽의 변증법에 다름 아니다. 다른 것은 비추되 스스로는 밝힐 수 없는 빛이야말로 어둠이 아니고 무엇이겠는가. 이것이 "왜 인류는 진정한 인간적인 상태에 들어서기보다 새로운 종류의 야만 상태에 빠졌을까"로 시작되는 『계몽의 변증법』의 문제의식이다.

2. 마법사의 죽음과 세계의 탈마법화

마법사. 장미 가시와 고양이 눈알과 독수리 깃털을 섞어서 묘약을 만들고, 주문을 외워서 비구름을 부리는 사람. 텅 빈 모자 속에서 비둘기를 만들어내는가 하면, 장님을 눈뜨게 하고 빗자루를 타고 하늘을 날아다니는 초능력의 소유자. 하지만 이제 마법사는 없다.

마법사의 주술은 계몽의 지식에 밀려난 지 오래다. 이제 모든 것은 이성에 의해 파악되며 계산 가능한 질서 속에 자리잡고 있다. '합리적으로' 이해될 수 없는 것은 사실이 아닌 것, 나쁜 것, 없는 것으로 취급된다. 스머프 이야기에 나오는 마법사 가가멜이 멍청한 악당으로 등장하는 것은 우연이 아니다. 착하고 선량하며 지적인 스머프들을 위협하는 마법사는 언제나 패배할 수밖에 없는 운명이다. 동화속에 숨어 있는 계몽의 알레고리.

혹은 드라큘라의 이야기는 어떠한가. 인간의 피(자연)를 먹어야살 수 있는 드라큘라는 빛(이성)을 두려워하며, 어두워져야 활동한다. 중세의 주술에 묶여 오랜 잠을 자다 깨어난 그가 과학기술로 무

루마니아의 전설적인 영웅이었던 드라큘라 백작의 본명은 블라르 쩨뻬쉬이다. 그는 전쟁터에서는 용감무쌍한 장군이었고 항상 민중들을 생각하는 지혜로운 정치가였지만, 적군과 악당, 범죄자들에 대해서는 지나치게 가혹했다. 그가 흡 혈귀로 다시 태어나게 된 것은 그에게 가혹한 대접을 받았던 앵글로 색슨인들 이 남긴 '글' 들 때문이었다. 그것은 한 편의 소설과 여러 편의 영화로 계속 변 주되었다. 있었던 사실은 지워지고 그것에 대한 특정한 시각이 보편성을 획득 해 간다. 그리고 지금 우리는 만들어진 드라큘라의 자명성을 의심하지 않는다. 계몽은, 자기 안으로 동질화시키기 난감한 '외부' 에 대해 적대적이다. 외부는 언제나 싸워서 이겨야 할 '신화' 이거나 '악당' 으로 취급된다.

장한 19세기 혹은 20세기의 인간과 대결한다는 것은 애초에 불가능

하다. 결국 그는 이성과 빛의 힘으로 '합리적' 으로 살해된다.

　　계몽은 합리적으로 사물을 파악하고 그것에 질서를 부여하고

'체계' 를 수립하는 과정 속에서 만들어지며, 이 속에서 세계는 탈마

법화(탈신화화, 탈주술화)된다. 막스 베버의 설명을 들어보자.

합리화가 의미하는 바는 세계를 설명하는 데 더이상 신비롭고 불가측한 힘에 의존하지 않아도 된다는 사실이다. 세계는 이제 탈주술화되었다. 미개인은 정령을 지배하거나 그것에 호소하기 위해 주술적인 수단을 사용했지만 이제는 그럴 필요가 없다. 기술적인 수단과 계산이 이를 대체한다. 이것이 바로 지성화가 뜻하는 의미이다.

주술의 정원으로부터 스스로 해방되기 위해 합리성과 지성을 사용하는 것, 이것이 바로 세계를 탈마법화시키기 위한 계몽의 전략이다. 아도르노와 호르크하이머가 "세계의 탈마법화는 애니미즘을 뿌리뽑는 것이다"라고 한 것도 그런 의미에서다.

아주 오래 전, 이성의 빛이 세상을 밝히기 전, 자연은 인간에게 공포의 대상이었다. 인간의 능력으로는 이해할 수 없는 부분들이 많았기 때문이다. 이때 자연에 대한 공포는 불가해한 세계의 존재를 인정하는 '신화'를 만들어낸다. 그러나 계몽은 주술과 신화의 세계를 자연에 무지한 인간의 관념이 만들어낸 상상적 허구로 전도시킨다.

계몽은 신화의 근본원리를 신인동형론(神人同形論), 즉 주관적인 것을 자연에 투사(projection)시키는 것으로 파악했다. 초자연적인 것, 즉 신령들과 데몬들은 자연현상에 겁을 먹은 인간의 자화상이라는 것이다. (『계몽의 변증법』 ; 이하 『계몽』으로 약칭, p. 26)

계몽이 신화를 해체하는 과정에서 찾은 근거는 "신과 인간은 같은 형상을 하고 있다"는 점이다. 이제 천둥과 번개는 제우스의 분노로, 밤과 낮의 구별은 아폴론의 여행으로, 바다의 풍랑은 포세이돈의 심술로 이해된다. 신의 존재를 익숙하고 낯익은 상(像)으로 재조정함으로써 인간은 그것과의 심리적인 거리를 지워 나갈 수 있었던 것이다. 그러한 형상들은 머지않아 모두 '주체'로 환원된다. 아침에는 네 발로, 점심에는 두 발로, 그리고 저녁에는 세 발로 다니는 것의 이름이 무엇인가라는 스핑크스의 수수께끼에 대한 오이디푸스의 대답인 "그것은 인간이다"는 끊임없이 반복되는 계몽의 대답이다.

[신화가 세속화되는 과정 속에서] '자연의 통치자로서의 창조주 신'과 '체계화하는 정신', 즉 인간의 이성은 같은 것이 된다. 인간이 신과 닮았다는 것은 피조물 위에 군림하는 인간의 지고성(至高性), 주인의 당당한 눈매, 그리고 '명령'에 있다. (『계몽』, p. 30)

이제 신들은 저 높은 곳에 있는 존재가 아니라 인간의 의식에 투사된 스스로의 모습이거나 상상에 의해 만들어진 허구적인 존재가 된다. 동시에 신화가 주는 다양한 의미들은 계몽에 의해 배제되거나 철학적 범주인 존재론적 실체 혹은 로고스의 차원으로 흡수된다. 모든 것은 계산 가능한 것인가, 그리고 얼마나 쓸모 있는 것인가에 따라 가치가 매겨진다. 드라큘라의 적은 십자가와 마늘이 아니라 그의 존재를 기억에서 지워버린 인간의 문자와 계산기였던 것이다. 이제 신화 속에 존재하던 '보편적 힘으로서의 자연'은 계몽과 지식에 의해 '단순한 객체로서의 자연'으로 떨어지고, 인간에 의해 만들어진 사회가 '제2의 자연'으로 올라선다. 인간이 자연과 분리되기 이전, 인간은 자연이 주는 불가항력의 힘에 대한 공포를 '신화'를 만들어냄으로써 극복하고자 했다. 그런 시대의 자연은 '보편적 힘'으로 존재한다. 그러나 바로 그 만들어진 신화 속에서 자신의 이미지를 발견한 인간은 대상에 대한 공포를 극복하게 되고, 계몽이 진행됨에 따라 과학과 지성의 힘으로 그것을 지배하게 된다. 이제 자연은 인간 혹은 주체와 대립하는 객체, 정복하고 지배해야 할 대상으로 전락한다. 완전히 자연으로부터 탈각한 인간들에게는 '사회'가 그들 자신과 분리될 수 없는 보편적인 자연의 역할을 수행한다.

신화는 인간의 자연에 대한 공포를 극복하는 과정 속에서 만들어지지만, 인간은 여전히 신화의 힘으로부터 자유롭지 못하다. 이때의 신화는 계몽의 내부에 숨어 있는 자기 모순을 지칭하는 용어가 아니라, 인간이 자기 외부의 세계(자연)를 이해하고 설명하기 위해 만들어낸 이야기(네러티브)이다.

사람들은 신화를 통해 지금 우리가 살고 있는 이 세계와 우주, 지연, 인간이 어떻게 생겨나게 되었는지를 이해하고 설명하고 싶어 한다. "태초에 무엇이 있었다"로 시작되는 창세 신화는 어떤 민족에게서나 공통적으로 발견된다. 그리고 한 공동체의 기원을 확정하는 작업에는 언제나 신화가 동원된다. 시간의 축적은 존재의 가치와 우월성을 입증하는 한 방편으로 활용되기도 하는 것이다.

하지만 신화는 단순히 인간이 자연의 공포를 이기기 위해 만들어낸 이야기이거나, 오래 전에 실제로 있었다고 주장되는 '사실'만을 의미하지 않는다. 신화는 현재에도 자연, 문물, 그리고 인간의 행동에 많은 규제력을 갖는 힘을 행사하기 때문에 여전히 중요하다. 초월적인 힘을 가진 존재에 대한 인간의 경외심은 자기보다 힘이 센 대상에게 복종하려는 태도 속에 여전히 남아 있다. 통치자들은 누구보다도 예민하게 이것을 알아차리고 활용할 줄 아는 자들이다. 그들은 자기에게 실제로는 없는 힘을 만들어내서 전파한다. 없는 것을 꾸며내서 신비화한다는 점에서 그것은 또 하나의 '신화'를 만들어내는 작업이다. 만들어진 '가짜 신화'는 원래의 신화 속에 있던 초월적 권위를 세속적 권력의 힘으로 치환시킨 것이다.

모든 관계의 원리는 이제 '힘'이 된다. 이것은 비단 권력자의 통치술에만 해당되는 것이 아니다. 이성의 힘으로 자연을 지배하려고 하는 계몽의 의도는 모든 지배의 논리 속에서 동일하게 작동된다. 그러나 모든 것에는 대가가 지불된다. 관계의 원리인 '힘'을 인정하는 순간, 세계는 지배하느냐 지배받느냐를 가르는 처절한 싸움터로 돌변하고 어디에도 평화와 위안은 없다. 싸움에 이기더라도 기다리고 있는 것은 그 '힘이 행사되는 대상으로부터의 소외'일 뿐이다.

아도르노와 호르크하이머에게 '지배'의 문제는 중요하다. 그들에게 지배는 통치의 차원을 넘어서 모든 관계에서 파생되는 힘의 역학에 관한 문제이다. 때문에 이들은 자연에 의한 인간의 지배, 인간에 의한 자연의 지배, 나아가 인간에 의한 인간의 지배를 모두 문제삼는다. 문제는 인간이 자연을 지배하면서부터 자연으로부터 분리되는 '소외'를 경험했던 것처럼, 모든 지배하는 힘을 행사하는 주체는 그 힘이 행사되는 대상으로부터 반드시 소외된다는 점이다.

아도르노와 호르크하이머는 이 문제를 사이렌의 주술공간을 통과하는 오디세우스와 선원들의 관계를 통해 언급한다. 이러한 소외의 문제는 교환가치가 지배하는 시대가 되면 더욱 명확하게 드러난다. 모든 것을 등가적으로 교환할 수 있는 것인가를 중심으로 평가하는 시대에, 그 가치를 측정할 수 없는 개별 존재나 행위는 보편성의 체계 밖으로 밀려난다. 인간은 자신의 존재를 화폐로 교환할 수 있는 노동 능력에 준해서만 증명할 수 있게 되고, 이 과정 속에서 주체는 물화(物化)된다. 자연을 한갓 객체의 위치로 떨어뜨림으로써 세계를 지배하게 된 주체는 그 자신이 다시 사물의 지위에 서게 됨으로써 자연의 복수를 당한다. 인간의 물화는 소외의 최종심급이자 지배당한 자연의 복수이다.

＊　　＊　　＊

여기서 잠깐! 우리가 지금 무지막지하게 사용하고 있는 '계몽'이라는 말을 짚고 넘어가야 할 것 같다. 흔히 계몽주의 시대라고 부르는 17,8세기 당시에도 계몽이라는 용어는 아주 다양하고 폭넓게, 때로는 모순적인 개념으로 사용되었고, 『계몽의 변증법』에서 아도르노와 호르크하이머 또한 이 말을 대단히 복잡하게 사용하고 있기 때문이다.

계몽이라는 말이 '어둠을 밝히고 빛을 비춘다'라는 의미를 지닌 것이라고 했을 때, '빛'은 '이성의 빛'에 다름 아니다. 이 세계는 신의 창조물이고, 신의 섭리에 따라 모든 것이 움직인다는 중세적 세계관에서 벗어나 인간의 이성을 존재의 중심원리로 바라보기 시작했다는 것, 이러한 사고의 전환 속에서 계몽은 발견된다. 그런 의미에서 계몽은 이미 15세기의 르네상스 운동에서 그 싹을 보이기도 한다. 고대 그리스 로마 문헌에 대한 재인식, 중세 기독교 철학에 대한 비판적 태도, 그리고 내세가 아닌 현실에 대한 관심의 팽창 등 르네상스 시대에 나타나기 시작한 인문학적 관심과 인간 중심적 태도는 계몽의 시작이라고 할 만하다. 그런 의미에서 16세기의 종교개혁은 르네상스가 없었더라면 불가능한 것이었는지도 모른다. 이 시대에 코페르니쿠스가 '지동설'을 주장했다는 사실도 기억해 두자.

17세기의 사상가들은 이러한 지적 발전의 토대 위에서 중세의 기독교적 세계관과 단절의 선을 긋고 새로운 인식론의 지평을 개척해 갔다. 데카르트(R. Descartes), 갈릴레이(G. Galilei), 그리고 베이컨(F. Bacon)은 이 시대가 낳은 계몽의 선각자였다.

데카르트의 고민은 어떻게 하면 합리적이고 명징한 개념들로 지식의 체계를 쌓아갈 수 있을 것인가에 있었고, '나는 생각한다. 고로 나는 존재한다'(cogito ergo sum)라는 명제로 논리의 우주를 건축하고자 했다. 우리는 데카르트의 명제에서 '사유하는 존재'의 이미지를 발견할 수 있다.

한편 갈릴레이는 데카르트와는 달리 추상적인 사색보다는 '사실의 관찰'을 중요시했다. 그에 의해서 우주의 질서가 하나의 '사실'로 인식되기 시작했고, 관찰과 실험에 의한 개념의 정립이 보편적인 것으로 이해되었다.

베이컨의 관심은 정당한 과학적 행동들로 인간을 인도하는 일에 있었다. 베이컨은 지식 그 자체를 일종의 덕(德)이라고 생각했다. 그의 희망은 인간이 새로운 지식을 사용하여 자연 위에 설 힘을 획득하고 그럼으로써 행복해지는 것이었다. '지식을 통한 인간의 행복'이라는 말은 한편으로는 미래지향적이고 낭만적으로 들리지만, 아도르노와 호르크하이머는 바로 이 지점에서 '계몽'이 지닌 불행의 싹을 발견한다.

그가[베이컨이] 염두에 두고 있는 사물의 본성과 인간 오성의 행복한 결혼은 가부장적인 것이다. 즉 미신을 정복한 오성이 '탈마법화된 자연' 위에 군림해야 한다는 것이다. '힘'을 의미하는 지식은 인간을 노예화하는 데 있어서나 지배자들에게 순종하는 데 있어서 어떠한 한계도 모른다. 공장에서든 전쟁터에서든 시민 경제의 모든 목적에 봉사하듯이 지식은 출신에 관계없이 기업가들에게 봉사한다. 왕들은 상인 못지 않게 '기술'을 직접 관장한다. '기술'은, 기술과 함께 발전하는 경제 체제만큼이나 민주적이다. 기술은 이러한 지식의 핵심이다. 지식은 개념이나 형상을 목표로 하지도, 사물의 본질을 통찰하는 행복감을 목표로 하지도 않는다. 지식의 목표는 '방법', 타인 노동의 착취, 그리고 '자본'이다. (『계몽』, p. 22)

좀더 정확하게 이야기하자면, 여기서 아도르노와 호르크하이머가 지적하고 있는 것은 베이컨이 말했던, 인간에게 행복을 가져다 줄 것이라고 믿었던 지식이 실제로 어떤 결과를 초래했던가 하는 점이다. '자연을 탈마법화' 함으로써 그것을 노동의 대상으로 인식하고 지배하기 시작한 인간의 오성(혹은 지식)이 또 다른 인간을 대상화하고 그의 노동을 착취하는 것으로 나아갔던 것, 그리고 지식 그 자체가 세속화되어 노동의 착취와 자본의 축적을 위한 '기술'과 '방법'으로 전락해 갔던 것 등을 그들은 지적한다.

계몽의 핵심이 이성의 주체적 사용이라고 했을 때, 주체는 객관적 대상을 탐구함으로써 지식을 획득한다. 무엇인가를 안다는 것은 그 '무엇'에 대한 정보를 얻고, 그것의 정체를 파악함으로써 대상이 주는 '공포'로부터 벗어난다는 것을 의미한다. 일단 대상에 대한 공포가 사라지면, 그것에 대한 '지식'을 토대로 그것을 지배할 '힘'을 얻게 된다. 아도르노와 호르크하이머가 지식을 문제삼는 것도 그것이 지배와 권력의 물질성을 구성하는 핵심적 지반이 되기 때문이다. 그 자체로만 존재하는 '순수한' 지식은 없다.

이제 계몽적 지식은 세계를 무한히 변화/발전시킬 수 있다는 믿음과 그 결과에 대한 과도한 집착으로 과정의 도덕을 괄호 안에 묶어 버린다. "끝이 좋으면 다 좋다"는 식의 자기 위안 속에는 자본이나 정치의 권력으로 환산되기를 바라는 지식의 불순한 욕망과 자기 변명이 숨어 있다.

그리고 그 순간 지식은 곧 인간을 지배하거나 권력에 순종하기 위한 '기술'로 변신한다. 지배를 위한 기술이 되어버린 지식의 목표는 어떻게 대상을 지배할 것인가 하는 '방법'과 얼마나 효율적으로 타인의 노동을 착취할 수 있을 것인가의 문제, 그리고 얼마나 최소한의 비용으로 이것을 이룰 수 있을 것인가의 문제만을 고민하게 된다. 지식은 진리를 찾고 거기에서 만족을 얻기 위한 것이 아니라, 지배를 위한 '효율적인 처리방식'을 이론적으로 축적하는 작업이 되어버리는 것이다.

승리한 사상이 기꺼이 비판적 요소를 포기하고 단순한 수단이 되어 기존 질서에 봉사하기 시작할 때, 그것은 자기 의지와는 반대로 예전에 선택했던 긍정적인 무엇을 부정적이고 파괴적인 것으로 변질시키게 된다. (『계몽』, p. 13)

아도르노와 호르크하이머의 위의 말은 사유가 '지식'의 수준에 한정되어 지배 권력의 도구가 될 때 생겨나는 폭력적 결과에 대한 경고이다. 자유와 해방이라는 도덕적 명분을 잃어버린 계몽은, 이때 파시즘의 이데올로기로 전락한다.

한편 베이컨의 사고방법, 갈릴레이의 역학, 데카르트의 수학을 종합하면서 17세기와 18세기를 가로질러 진정한 계몽주의의 아버지가 된 사람이 있었으니, 그가 바로 뉴턴(I. Newton)이다. 알렉산더 포프가 썼다는 다음의 시를 보면, 뉴턴이 자기 당대에 어떤 위치에 있었는지 알 수 있다.

자연과 자연법칙은 밤의 어둠 속에 숨겨져 있었지.
신이 말했다.
뉴턴을 있게 하라고.
그러자 모든 것이 밝아졌다. (피터 게이, 『계몽시대』)

뉴턴은 이렇게 말했다. "최상의 가장 확실한 철학적 방법이란 우선 사물의 성질을 깊이 탐구하고 이어서 그러한 성질을 실험에 의해서 확립한 후, 물자체(物自體)를 설명하기 위한 가설로 나아가야 한다"고. 이러한 뉴턴의 방법론은 과학에서뿐만 아니라, 18세기 계몽주의 전반에 큰 영향을 끼쳤다. 일례로 디드로는 뉴턴에게서 배운 과학적 태도를 기반으로 유명한 『백과전서』를 펴냈다.

정신 운동으로서의 계몽은 대략 17세기 후반에 시작되어 18세기에 본격화되었다. 이때의 계몽은 구유럽 사회의 질서와 가치의 붕괴를 가져온 이성을 통해 국가, 경제, 법, 학문, 도덕, 예술, 종교에서의 의식적·제도적 변화를 기획했다. 이제 인간은 이성을 통해 주체의 독자성을 확립하고 사고의 자율성을 보장받아 세계의 중심이 되는 동시에 자연을 노동의 대상으로 지배하게 된다.

이 시기 계몽의 정신이 자유와 비판에 있었던 만큼, 전통과 권위로부터의 해방과 시민적 공공성을 획득하는 것이 주된 실천방식이었다. 영국의 명예혁명과 미국의 독립선언, 프랑스 혁명이 모두 이러한 계몽 사상 아래서 실천되었다. 17세기의 과학이 망원경과 나침반으로 신대륙을 발견하고 새로운 공간에 대한 의식과 변화된 사상을 폭넓게 전파했다면, 18세기의 계몽주의는 인간의 모든 생활 영역들을 근본적으로 변화시키는 세속화의 과정 속에서 근대 세계를 형성케 했다. 그것은 형이상학적이고 종교적인 세계관 대신 자연과학의 정신이 그 시대의 보편적 진리로 받아들여졌다는 것을 의미하는 것이기도 하다.

계몽이라는 용어가 가장 유행했던 시기는 18세기였지만, 그때에도 이 말은 서로 모순적으로 사용되고 통일성이 없는 개념으로 쓰여졌다. 계몽이라는 용어가 공식적으로 정리의 과정을 거친 것은 그 시대의 대표적인 계몽주의 잡지였던 「베를린 월보」가 '계몽이란 무엇인가' 라는 문제를 제기하면서부터다. 칸트가 「계몽이란 무엇인가

두루말이 종이 위에 컴퍼스를 세우고 신중하게 고민하는 뉴턴의 모습. 뉴턴은 사물의 성질을 깊이 탐구하고 그것을 실험에 의해 확립한 후 물자체(物自體)를 설명하는 것을 철학적 방법으로 삼아야 한다고 생각했다. 이러한 뉴턴의 방법론은 과학뿐만 아니라 18세기 계몽주의 전반에 큰 영향을 미쳤다. 신비주의자였고 반과학주의자였던 시인 윌리엄 블레이크는 뉴턴을 향해 이렇게 외쳤다. "신은 수학적 도형이 아니다!"

에 대한 답변」에서 계몽이란 인간이 미성년 상태로부터 벗어나 스스로를 책임질 수 있는 상태에 이르는 것이라고 말한 것도 이 논의 속에서다. 칸트는 "미성년 상태란 다른 사람의 지도 없이는 자신의 지성을 사용할 수 없는 상태"라고 규정하면서, 지성(이성)을 주체적으로 사용할 수 있는 결단과 용기를 계몽의 전제로 삼았다. "과감히 알려고 하라! 너 자신의 용기를 사용할 용기를 가져라!"라고 하는 캐치프레이즈는 18세기 중반, 칸트 시대의 계몽의 성격을 요약해 준다.

푸코(M. Foucault)의 말을 빌리자면, 칸트에게 있어서 계몽은 '출구'와도 같은 것이었다. 미성숙의 과정에서 벗어나 성숙의 길로 향해 있는 출구. 그 출구를 찾는 과정이 이성의 주체적 사용 과정이며, 출구를 찾음으로써 인간은 다른 사람의 권위를 수용하려고 하는 의지의 상태를 벗어날 수 있는 것이다. 그러므로 칸트의 계몽은 "세계의 특정 시기도 아니고, 징조를 전달하는 사건도 아니며, 새로운 성취의 새벽도 아니다"(푸코, 「계몽이란 무엇인가」). 칸트에게 있어서 계몽은 "사람들이 함께 참여하는 과정이며, 동시에 개인적으로 성취되어야 할 용기 있는 행동"일 따름이고, 인간은 자발적인 행위자가 됨으로써만 계몽의 과정에 참여할 수 있다.

그러나 칸트는 계몽의 공적인 사용과 사적인 사용을 구별하면서 "이성의 공적인 사용만이 인류에게 계몽을 가져올 수 있다"고 말함으로써 계몽을 정치의 문제로만 국한시켰다. 이때 칸트가 말한 이성의 공적 사용이라는 의미는 "너희들이 하고자 하는 일에 관해 너희들이 원하는 만큼 따져 보라. 그러나 복종하라"라는 영리한 전제 군주(칸트가 존경하는 프리드리히 왕)의 말 속에 정확히 나타난다. '복종하는 주체'로서의 계몽 이성이 "비굴한 신하의 오성"에 불과하다는 루카치의 비판은 이것을 근거로 한 것이다. 독일 계몽주의에 대한 루카치의 비판은 그의 『독일 문학사』 앞부분에 비교적 자세히 나와 있다. 주로 독일의 작가들을 예로 들어 이야기하고 있지만, 계몽적 사유라는 것이 어떤 식으로 현실 정치의 노예로 전락하는가 하는 문제를 그는 당시 시민계급의 미성숙을 비판하는 것 속에서 예리하게 포착해냈다.

푸코가 칸트의 '계몽'이 특정 시기를 지칭하는 개념이나 사건이 아니라고 했음에도 불구하고, 그의 계몽이 18세기 이후의 지적 분위기를 선도했음은 부인할 수 없다. 확산되는 혁명의 분위기와 국가의 성립, 자본주의의 안착, 기술의 발달 등은 "공포를 몰아내고 인간을 주인으로 세운다"는 계몽 프로젝트의 일면을 설명해 준다. 데카르트의 '사유하는 존재'의 후손인 칸트의 계몽 이성이야말로 중세적인 지배 질서로부터 벗어나 새롭게 탄생한 시민계급의 신분 증명서였던 셈이다.

그들이 바로 언어를 통해 국가와 민족을 '상상'하며 자본주의 발전 프로젝트를 구상했던 근대인이었다. '사유하는 나'를 세계의 중심에 두고, 미지의 것을 개척함으로써 문명을 이루고, 타자를 배척하거나 동질화하는 방식으로 지배를 꿈꾸며, 역사를 만들고 시간을 조직하면서 자기 검열을 내면화하는 근대인이야말로 계몽 이성이 만들어 낸 최고의 발명품이다.

이러한 근대적 계몽 주체는 이성을 소유하는 것만으로 성립되는 것이 아니라 그것의 대립항인 타자의 존재를 인식하고 발견함으로써 비로소 완성된다. "공포를 몰아내고 인간을 주체로 세운다"라고 했을 때, '공포'의 대상인 '자연'은 인간의 '이성'과 등가적 대립물이다. 이성은 자연의 공포로부터 벗어나고 "자연과 인간을 완전히 지배하기 위해 자연을 이용하는 법"만을 자연으로부터 배우고자 한다. 그리하여 계몽은, 빛의 가면 뒤에 숨은 문명의 어둠이 된다.

*   *   *

이제 계몽이 어떻게 세계를 탈마법화했는지에 관한 이야기로 돌아가 보자. 마법을 푸는 열쇠가 이성 그리고 자연과학과 수학에 있다는 것을 눈치챘을 것이다. 그런데 자연의 진리는 언어로 표현될 수 없다. 언어가 본래 지니는 모호성과 다의성이 그것을 정확하게 번역하고 전달하는 것을 방해하기 때문이다. 이때 자연을 있는 그대로 표현할 수 있는 도구로 수학적 언어인 숫자가 등장한다. 모든 수학적 계산은 이미 알려진 양(量)을 근거로 미지의 양을 결정한다. 이미 알려진 것과 아직 알려지지 않은 것은 모두 양으로 환원되고, 양으로서의 이 양자는 수(數)로 환원된다. 이러한 방법으로 복잡한 것은 단순한 형태로, 외견상 다양한 것들은 동일한 것으로 환원된다. 모든 것을 계량하고 계산함으로써 그것을 표현하는 숫자의 성질상, 자연은 그것이 지닌 고유의 질적인 측면을 잃어버린 채 계산 가능한 형태로만 측정된다.

17세기의 셈하고 체계화하고 계산하는 정신이 18세기가 되면서 있는 그대로의 사실을 탐구하는 정신으로 바뀌지만, 이때의 사실 탐구 역시 가시적인 현상을 진리와 등치시키면서 수학적 언어로 표현될 수 없는 것들을 배제한다. 계산 가능한 현상만을 '사실'로 인정하

미야자키 하야오, 「바람계곡의 나우시카」(학산문화사 刊 2000년), 중에서

미야자키 하야오의 문명 비판은 인간과 자연의 상생(相生)에 관한 사유 속에서 날카롭게 드러난다. 거대 문명이 흔적 없이 사라진 부해의 땅에서 활로를 찾아 고군분투하는 아름다운 전사 나우시카! 위의 장면은 만화의 전체 내용과 상관없이 계몽에 대한 준엄한 비판의 메시지로 읽어도 좋으리라.

는 계몽, 즉 도구적 이성과 과학적 지식은 대상 속에 은폐된 어떠한 자질도 남아 있는 것을 허용하지 않는다. "신화가 죽은 것을 산 것과 동일시한다면 계몽은 산 것을 죽은 것과 동일시한다. 계몽은 과격해진 신화적 불안이다."

계몽은 통일적으로 파악할 수 없는 것은 아예 존재나 사건으로 인정하지 않는다. 계몽의 이상(理想)은 세부에 이르기까지 모든 것을 도출해낼 수 있는 체계이다. …… 형상들의 다양성은 위치와 배열로, 역사는 사실성으로, 사물은 질료로 환원된다. (『계몽』, p. 26~27)

그리고 이와 똑같은 동일시가 시민적인 정의나 상품교환도 지배한다.

[베이컨의 말처럼] 동일하지 않은 것을 동일한 것에 더하면 동일하지 않은 것이 나온다는 규칙은 사회적 정의에 있어서나 수학에 있어서나 기본원리가 아닌가? 또한 상호적인 정의와 균등화하는 정의, 그리고 기하학적 비례와 산술적 비례, 이 양자는 진정으로 일치한다고 볼 수 있지 않을까? (『계몽』, p. 28)

이런 사고가 계몽의 보편적 원리로 작동하면서, 계몽은 '동일하지 않은 것'은 '추상적인 크기'로 환산해서라도 비교 가능한 것으로 만들어 체계 속에 포함시키고, 계산 가능하지 않은 것, 즉 숫자로 환원되지 않는 것은 모두 '가상'의 영역으로 추방하거나 '없는 것'으로 인식한다. "계몽은 사유와 수학을 일치시키려 하는 것이다."

선택된 지식은 곧 보편적이고 자명한 것이 됨으로써 의심할 수 없는 현실적인 이성으로, 체계의 원리가 되고 지배의 작동방식이 된다. 아무도 의심할 수 없는 견고한 질서가 된 체계는 그 자체로 억압적이다. 체계는 달리 어떤 출구도 갖고 있지 않은 모든 사회 구성원이 스스로 만들어내는 지배의 힘이고, 그들에게 부과된 분업을 통해 매번 새롭게 실현되는 '전체'의 합리성이다. 체계는 소수의 지배자들에 의해 강압적으로 행사되는 눈에 보이는 통치기술 속에만 있는 것이 아니다. 체계는 언제나 다수의 힘이 개별적 인간을 압도하는 방식, 즉 "사회의 억압은 언제나 동시에 집단에 의한 억압의 경향" 속에서 계몽의 신앙이 된다.

신화를 해체하고 인간을 세계의 중심으로 세운 '체계'의 중요한 이론적 힘인 '진화론' 속에서도 계몽의 '동일성과 배제의 논리'는 발견된다. 인류의 기원을 신화적인 것과 연결하지 않고 그 자체로 해석하는 진화론에 의해 인간은 절대적인 위치에 서게 되고, 지구상에 존재하는 모든 생물체는 인간을 기준으로 분류되고 기록된다. 그러나 체계는 물샐틈없이 짜여진 완벽한 구조가 아니다. 조류이면서 포유류인 동시에 조류도 포유류도 아닌 박쥐의 이야기는 분류와 목록의 체계가 안고 있는 딜레마를 보여준다. 인간들의 사회 속에서도

'동일한 것'의 체계는 스스로가 만들어낸 '기준'에 의해 대상을 이해하고 배치한다. 계몽주의의 교과서였던 스펜서(H. Spencer)의 사회진화론이야말로 계몽의 체계가 어떻게 작동하는지를 명확하게 보여주는 전형적인 예이다.

이질(異質)의 문명을 이해하지 못한다고 하는 이 특성은 일단 영국인이 '열등 인종'이라 부르는 사람을 상대로 하는 경우에 이르면, 다시 더욱 명백한 것이 된다. 스펜서의 경우가 바로 그렇다. 자기 부족에 대하여 품는 미개인의 존숭(尊崇)의 염(念)이나 아이슬란드의 신화에 나오는 영웅들이 의무로 본 '혈수'(血讐)를 그는 전혀 이해하지 못했으며, 또 중세 제 도시에 있어서의 투쟁으로 장식된, 그러니 만큼 진보적인 파란만장의 생활을 또한 그는 이해할 능력이 없었다. 이들의 시대에 존재했던 권리의 관념은 스펜서에게 전혀 불가해한 것이었다. 그러한 것 속에 그는 야만, 미개, 잔인성을 발견했을 뿐이다. (크로포트킨, 『현대 과학과 아나키즘』)

계몽의 체계는 자기를 유지하려고 하는 속성과 다른 것을 자기와 같은 것으로 만들고자 하는 속성을 동시에 지닌다. 이때 '외부'나 '다른 것'의 존재는 언제나 위협이 된다. 계몽은 자신을 유지하기 위해 끊임없이 바깥의 것을 안으로 끌어들이는 한편, 포섭 불가능한 것들을 배제하면서 지배의 성격을 강화해 간다.

과학적 지식이 자명한 것으로 보편적 권위를 획득하기 전, 그것은 특권 계층의 '놀이'로 취급되기도 했다. 망원경을 거꾸로 들여다보는 귀부인과 돋보기로 천구의를 들여다보는 귀족 젊은이의 우스꽝스러운 모습을 보라.

계몽 이성이 자기 앞에 있는 객관적 대상을 지배하기 위해 취하는 태도는 분명하다. 폭력적으로 굴복시키거나 호의를 베풂으로써 자발적으로 지배의 체제 안으로 들어오게 하는 것. 전쟁이 지배를 위한 계몽의 폭력적 태도의 전형이라면, 원조는 호의를 가장한 지배의 포석이다. 18,9세기 유럽의 여러 나라가 경쟁적으로 행했던 아프리카 식민 전쟁과 아메리카 대륙에서의 인디언 학살 등은 물리적 힘을 동원한 계몽의 지배 프로젝트 중 하나였다. 나와 '다른 것'을 이해하지 못하는 계몽 이성의 무능력은 사실, '자연'이나 '신화'에 공포를 가졌던 고대인의 그것과 다르지 않다. 그러나 이질의 문명이 지닌 불가해한 성격을 대하는 계몽의 공포는 그것을 '열등한 것'으로 취급함으로써 해소된다. 스펜서가 그랬던 것처럼 '이질의 문명'은 '야만, 미개, 잔인성'을 지닌 것으로 비춰질 뿐이고, 계몽은 그 야만을 문명화시키고, 미개한 잔인성을 교육에 의해 순화시킨다는 명분 속에서 지배의 도덕적 근거를 발견한다.

이전의 신화 속에서 영웅들의 운명을 결정하던 신탁(神託)의 논리적 결과인 '운명의 필연성'은 계몽의 합리적이고 세련된 담론 체계 속에서 사회 전체를 하나의 체계로 묶어 버린다. 동일한 코드가 작동하는 닫힌 체계로서의 '관리되는 사회'를 지배하는 이데올로기가 바로 파시즘이다. 아도르노와 호르크하이머는 차이를 인정하지 않는 '체계'를 이야기함으로써 그 속에 숨겨진 전체주의적인 억압과 폭력의 계기를 밝혀내고자 한다.

3. 두 가지 전략, 반복과 언어

아도르노와 호르크하이머에게 있어 신화와 계몽은 무한히 펼쳐진 평면 위에 순차적으로 배열된 세계가 아니다. 계몽의 시대는 신화적인 것을 모두 철수시킨 후에 새롭게 마련된 신세계가 아니고, 신화의 시대는 현실에 어떤 작용도 할 수 없는 지나간 시간이 아니다. 신화와 계몽은 서로의 머리와 꼬리를 문 채 끊임없이 둥근 원을 그리는 뫼비우스의 띠 위에 있다. 계몽의 신화적 성격과 신화의 계몽적 성격은 서로의 내부에서 반복적으로 나타난다.

자신의 아버지와 싸워 이긴 후 모든 신들의 왕이자 아버지가 된 제우스의 이야기는 태양 중심적인 신화의 전형으로 서구적 근대의 가부장적 질서체계에 원형을 제공한다. 제우스는 아버지인 크로노스를 제거함으로써 '시간'을 관리할 수 있는 능력을 얻게 되고, 세상의 '이치'와 '질서'를 주관하는 테미스 여신의 도움으로 그의 형제들(포세이돈과 하데스)을 구해냄으로써 '정의'로운 신이 된다. 신화 시대의 반복되는 계절과 자연의 시간은 노동할 시간을 계산하기 위해 계몽 이성이 만들어낸 시계적 시간표의 시간 속에 녹아 있고, 테미스를 매개로 획득한 질서와 정의는 근대적 '체계'와 '법'의 형식으로 반복된다. 씨 뿌리고, 가꾸고, 수확하고, 쉬는 노동의 과정이 계절의 순환과 반복에 따라 자연스럽게 조직되던 시대와 휴식시간과 노동시간, 공적 시간과 사적 시간의 분할이 노동의 효율성에 따라 조직되는 시대는 모두 반복의 절차에 따라 인간의 육체를 각각의 체계에 적응시킨다는 의미에서 동일한 효과를 생산한다.

반복되는 자연의 운행과 노동의 분리, 그리고 이 속에서 만들어진 '질서'는 이성에 의해 보편성을 획득한다. 이제 지배는 지배받는 개별자 하나하나에게 보편자로서, 현실적인 이성으로 등장한다. 계몽이 진행됨에 따라 자연에 대한 인간의 지배는 인간에 대한 인간의 지배로 나아가고, 노동분업을 통해 사회 구성원의 힘은 전체의 실현을 위해 결집된다. "소수에 의해 모두에게 부과된 것이 현실에서는 언제나 다수에 의해 개개 인간을 압도하는 것으로 나타난다. 즉 사회의 억압은 언제나 동시에 집단에 의한 억압의 경향"을 띠게 된다.

한편 계몽의 시대에는 신화의 시대에 가치를 지녔던 과정의 진실이라든가 정의의 문제를 법의 체계 속에서만 유의미한 것으로 인식한다. 신화에 등장하는 영웅들에게 부여된 '운명의 필연성'은 그기 지지른 죄와 그것에 대한 속죄의 과정 위에 놓여 있었다. 아버지를 죽이고 자신의 친모와 결혼한다는 오이디푸스의 운명은 신탁에 의해 예정된 것이고, 속죄로서의 파멸은 피해갈 수 없는 필연적인 것

로렌스 스테판 로리, 「공장에서 돌아오다」, 1930년

일을 마치고 집으로 돌아가는 군중들의 어깨가 하나같이 굽은 채 축 처져 있다. 근대적 시간은 노동 시간을 인간의 신체에 각인시킨다. 근대의 시공간은 인간의 삶을 공적인 차원과 사적인 차원으로 분절한다. 노동과 학습의 공간인 학교와 군대, 공장 등에서 제공되는 반복적인 시간표는 인간의 신체를 체계에 적합한 것으로 훈육하기 위한 장치로 활용된다. 근대인에게는 가정이라는 사적인 공간과 휴식의 시간이 주어지지만, 이것은 공적인 시공간과 분리되어 있는 것이 아니다. '휴식'은 노동의 준비 과정이며 '소비'를 위한 배려일 뿐이다.

이다. 계몽의 단계에 오면, 사건의 진행 과정이나 의미는 괄호 안에 묶여지고, 그것의 결과만이 중요하게 취급된다.

계몽은 신화 속의 '운명의 필연성'과 '체계'를 등가적인 것으로 취급함으로써 운명에 의한 죄와 속죄의 과정을 인과관계에 따른 '법칙성'의 테마로 변주한다. '운명의 필연성'은 삶과 죽음, 행복과 불행의 반복을 통해 출구 없는 운명에 순응하게 하지만, 자연을 지배하

78 | 이성은 신화다, 계몽의 변증법

는 계몽의 주체는 운명을 기획한다. 계몽이 기획하는 운명의 필연성, 신화적 의미를 소거하고, 인과관계에 스스로를 결박한 그것의 이름은 '체계' 이다.

> 작용과 반작용의 일치에 관한 이론은, 인간이 반복을 통해 반복되는 현실과 자신을 동일화할 수 있으며, 그럼으로써 현실의 힘으로부터 벗어날 수 있다는 환상을 버린 지 오랜 후에 현실에 대한 반복의 힘을 주장했다. 그러나 마력적인 환상이 사라지면 사라질수록 더욱더 사정없이 반복은 법칙성이라는 이름 아래 인간을 순환고리 속에 붙잡아맨다. …… 모든 사건을 반복이라고 설명하는 내재성의 원리는 신화적인 상상력에 반대하는 계몽이 내세우는 원리지만 바로 신화 자신의 원리인 것이다. (『계몽』, p. 35)

모든 것은 반복될 뿐이고, '하늘 아래 새로운 것은 아무 것도 없다는 삭막한 깨달음' 속에서 인간은 현실에 순응하고 '자기 유지'의 근거를 찾아낸다. 신화가 계절의 변화를 통해 반복되는 자연의 힘을 인정했던 것처럼 계몽은 반복에 의해 얻은 실험실의 작업결과를 '사실'로 인정함으로써, '반복의 힘'을 '법칙성'으로 승인한다. 실험실의 언어인 숫자는 계산 가능한 것들만이 진리라고 말하면서, 법칙성의 체계를 반복적으로 재생산한다.

그러나 동일한 것의 재생산을 운명으로 승인하는 반복의 법칙성은 '다른 것' 혹은 '차이'의 가능성을 인식하지 못함으로써 다시 신화 속으로 함몰된다. 지나간 것, 고정된 것, 이미 완결되어 닫힌 체계를 이루는 것은 모두 '신화'적이다. 이미 완결된, 닫힌 체계를 맹신하는 신화 속에서 현실은 무기력하지만, 신화는 끊임없이 현실에 개입하면서 자기를 확장한다.

> 사실적인 것을 전설적인 선사시대 밑에 또는 수학적 형식주의 밑에 '포섭'하는 것, '현재적인 것'을 의식(儀式) 속의 신화적인 과정이나 과학의 추상적인 범주와 상징적으로 연결시키는 것은 새로운 것을 이미 규정된 것으로 나타나게 한다. 이로써 새로운 것은 실제로는 낡은 것이 되는 것이다. (『계몽』, p. 58)

계몽의 미망, 수학적 사유를 진리와 동일시함으로써 자신을 신화로부터 지킬 수 있다고 생각했던 그 미망은 '있는 그대로의 세계'를 맹신함으로써, 그 자신이 신화로 떨어지는 것을 막을 수 없다.

인간은——신화 속의 인간이든 계몽적인 인간이든——반복을 통해 반복되는 현실과 자신을 동일화함으로써 자기를 유지해 나간다. 한편 반복을 통한 '법칙성' 속에서 자기를 유지하는 자기 동일성의 원리를 발견한 계몽적 주체는 자신의 고유성을 주장한다. 그러나 인간의 '자아'나 '개성'은 언제나 사회적으로 공유되는 보편성을 전제로 한 것이고, 그 보편성이라는 '매개'를 통해 주체는 전체 속에서

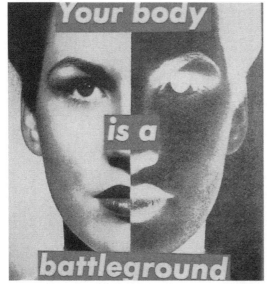

바버라 크루거, 「무제」, 1989년.

훈육되고 길들여진 신체는 이미 내 것이 아니다. 그것은 이제 자동인형처럼 일상과 노동의 치열한 전투를 하루하루 살아낸다. 주어진 체계 안에서, 체계에 적합한 인간형으로 단련되는 것은 그러나 신체만이 아니다. 계몽이 지정한 보편성의 틀 안에서 정신 또한 균질화되어 간다. 개인이 감지하는 '개성'은 문화산업이 제공하는 틀 안에서만 안전하게 작동한다.

더욱 확실하게 획일화된다(저자들이 「문화산업」 부분에서 다루고 있는 중요한 내용 중 하나가 바로 '획일화'의 체계 속에 있는 주체의 '사이비 개성'에 관한 것이다).

푸코가 말한 대로, '감시와 처벌'의 근대적 권력 체계는 '명령'을 반복적으로 수행하도록 하는 훈육을 통해 순종하는 신체, 획일화된 계몽의 육체를 만들어낸다. 계몽은 자연 속에 있는 모든 것을 '반복될 수 있는 것'으로 평준화함으로써 획일적인(혹은 예측 가능한) 취향을 조작하는 '산업' (자본)에 봉사하고, 이 과정 속에서 자연으로부터 해방된 계몽 주체들은 획일적으로 관리되는 '군중' 이 되는 것이다. 주체는 없다!

계몽의 육체가 '반복' 에 의해 지배를 내면화하면서 만들어진다면, 계몽의 정신은 '언어' 를 통해 만들어지고 확산되면서 지배의 이데올로기가 된다. 아도르노와 호르크하이머가 '언어' 를 문제삼았던 것은 그것이 사유의 도구이며, 사회의 '체계' 와 같은 구조를 이루고 있기 때문이다.

> 상징이 의미하는 '반복되는 자연' 은 갈수록 상징 속에 표현된 항구화된 사회적 억압임이 증명된다. 움직이지 않는 형상으로 대상화된 '전율' (상징으로 굳어진 형상언어, 혹은 마나―필자)은 특권층의 확립된 지배를 표시한다. 이렇게 확립된 지배는 '형상적인 것' 을 모두 포기하더라도 보편 개념으로 남게 된다. 학문의 연역적인 형식마저도 위계질서와 강압을 반영한다. 첫번째 범주들이 개개인에 대한 조직화된 부족과 그 부족의 힘을 대변한다면, 개념들의 전체적인 논리질서, 의존성, 연결, 포괄 그리고 연합은 노동분업을 토대로 한 사회의 현실 구조를 반영한다. (『계몽』, p. 49~50)

계몽의 권력이 지식을 도구로 삼았던 것처럼, 문자화되기 이전의 언어는 그것을 소유하고 마음대로 구사할 능력을 가진 자에게 권력을 부여했다. 사제의 언어가 천상의 신과 지상의 인간을 연결하는 도구였다면, 주술사의 언어는 사물 속에 있다고 믿어지는 정령의 말과 인간의 언어를 통어(通語)하는 매개체였다.

전(前) 애니미즘의 단계는 아직 주체와 객체의 분화가 완전히 이루어지지는 않았지만, 주술사의 언어에서 볼 수 있는 것처럼 말과 사물 간의 분리가 내재되어 있다. 사물을 사물 자체로 보지 않고 다른 의미로 확장시키는 주술사의 의식 속에 이미 말과 사물의 분리가 자리잡고 있었던 셈이다. 그런 의미에서 형상언어란 애초에 없었던 것이라고도 볼 수 있으리라.

나무가 더 이상 단지 나무로서가 아니라 다른 것을 위한 증거로서, 즉 움직이는 정령인 마나가 사는 곳으로 말해진다면, 언어는 어떤 것이 그 자체이면서 동시에 그 자체와는 다른 어떤 것, 즉 동일적이면서 동시에 비동일적인 것이라는 모순을 표현한다. 신성에 의해 언어는 동어반복에서 언어로 변환되는 것이다. (『계몽』, p. 40)

반면 신화시대의 언어는 '상징'으로 나타난다. 신화시대에는 이미 권력과 계급이 작동하고 있는 만큼, '반복되는 자연'에 의해 '상징'은 인식되고, 그 상징에 의해 지배의 내용이 전달된다. 사제의 말은 '반복되는 자연'을 '상징'으로 구조화시킴으로써 신화에 의미를 부여한다.

어떤 존재나 과정은 상징으로 기능할 때 끊임없이 반복되는 사건이 될 수 있기 때문에 영원한 것으로 여겨진다. 의미된 것은 고갈될 수 없는 것으로 무한히 갱신된다. 영원하다는 것은 모든 상징의 수식어일 뿐만 아니라 그 본래적인 내용이다. (『계몽』, p. 43)

반복은 '영원'이라는 시간 관념 속에서 지배의 권력을 획득하는 것이다. 세계의 근원을 기독교적인 창조설과 다른 방식으로 이야기하는 것 속에도 신화의 상징적 기능이 숨어 있다.

"육부(六部)의 조상들이 각기 자제들을 데리고 궐천안상(閼川岸上)에 모여서 의논하되 우리가 위에 백성을 다스릴 군주가 없어, 백성들이 모두 방일(放逸)하여 제맘대로 하니, 어찌 덕 있는 사람을 찾아 임금으로 삼아 나라를 세우고 도읍을 정치 아니하랴 하고 이에 높은 곳에 올라 남쪽을 바라보니 양산하(楊山下) 나정(蘿井) 곁에 이상스러운 기운이 전광과 같이 땅에 비치더니 거기에 백마 한 마리가 꿇어앉아 절하는 형상을 하고 있었다. 그곳을 찾아가 보니 한 붉은 알이 있는데 …… 그 알을 깨어 보니 모양이 단정한 아름다운 동자가 나왔다. 경이(驚異)히 여겨 그 아이를 동천(東泉)에서 목욕시키니 몸에서 광채가 나고, 새와 짐승이 따라 춤추며 천지가 진동하고 일월이 청명한지라. 인하여 그를 혁거세왕(赫居世王)이라 이름하였다. (일연, 『삼국유사』)

삼국유사에 나오는 국조(國祖)신화가 대부분 그렇듯이 박혁거세 신화에도 신화적 존재의 특이성을 보장하는 하나의 상징물인 '알'이 등장한다. '둥근 것'이 갖는 신화적 상징성을 태양과 같은 것이라고 본다면, '알'은 둥근 모양의 세계, 제왕, 권력, 보편적 지배 등을 상징한다고 할 수 있다. 신이 선택한, 제왕의 운명을 타고난 자를 어떻게 인간들이 알아볼 수 있을까 하는 문제는 신과 인간들 간에 통어할 수 있는 상징언어가 있음으로 해서 해결될 수 있었던 것이다.

세계가 계몽의 세계로 편입되는 과정은 신화를 문자로 기록하는 일과 더불어 수행된다. 이때 상징적 언어 체계 속에 개념적 사유가 개입한다. 구전되어 내려오던 신화는 계몽의 눈에는 확인 불가능하고 비과학적인 것이기 때문에 사실이 아닌 꾸며낸 '이야기'로 인식되고, 이 과정 속에서 신화는 문자로 정착된다. 신화 속에서 벌어지는 사건은 계산 가능한 시간에 의해 재조직되고 사건의 의미나 기타 제반 정황들은 이 과정에서 고려되지 않은 채, 그것의 결과만이 부각된다. "신화는 보고하고 이름 붙이고 근원을 말하지만 이로써 기술하고 확정하고 설명하는 것이다." 기술하고 설명하는 과정 속에서 신화의 상징언어는 계몽의 개념적 언어로 넘어간다.

신화를 수집하고 채록하는 과정에서도 이러한 경향은 나타난다. 독일 낭만주의가 유럽 내 다른 국가의 그것과 다른 점은 그 안에 민족주의적 성격이 강하게 표출되기 때문인데, 게르만 민족 공통의 신화를 채집하고 수록하는 과정 속에서 만들어진 '메르헨'(동화)이

민족을 발견하고 그들 사이의 정서적 유대감을 강화하는 이야기로 쓰였다는 것은 신화와 계몽의 변증법적 관계를 증명하는 한 예이다. 독일의 경우 낭만주의야말로 현재를 위기로 파악하고 미래를 회구하는 계몽의 미학에 다름 아니었으며, 혁명도 파시즘도 모두 동일한 미학적 체계 속에서 작동한 것이다. 신화는 그것이 계몽의 언어로 쓰여지는 순간 정치의 언어가 된다. "담론적인 논리가 만들어내는 사유의 보편성, 즉 개념 영역에 있어서의 지배는 실제적인 지배의 토대 위에 세워지는 것이다."

삶을 이해하고 표현하는 언어와 실재하는 현실은 언제나 서로 다른 층위에 있으며 그 간극은 필연적이다. 현실의 무게를 온전히 전달할 수 있는 언어는 지나치게 희박하고, 어렵게 찾아진 언어는 오해와 오독의 운명으로부터 자유롭지 못하다. 소쉬르(F. Saussure)가 『일반언어학 강의』에서 "언어와 문자 체계는 무관하다"라고 말하기 이전부터 이미 말과 사물은 분리되어 있었고, 기호로서의 문자는 하나의 사물에 하나의 이름을 결합시킨 것이 아니라, 하나의 개념과 하나의 청각영상을 연결시킨 것에 불과했다. 소쉬르는 개념과 청각영상에 각각 기의와 기표라는 말을 대체해서 사용했을 뿐이다.

이때 개념적 언어는 개념과 대상을 동일화함으로써 사물에 질서를 부여하고 유동하는 현실의 의미를 고정시킨다. 문제는 개념적 사고가 자신이 파악하는 현실을 진리라고 생각한다는 데 있다. 이성적 사고는 개념에 의해 짜여진 관계를 '참된 현실'로 끌어올림으로써 '보편 타당성'에의 요구에 부응했다. 과학의 법칙들, 법과 제도들, 계급적이고 가부장적인 질서에 사용되는 언어들은 이항 대립적 사고에 의한 우열관계를 전제로 한 것임에도 불구하고 지배관계를 보편적인 것으로 인식하도록 만들었다. 여기에 개념적 언어의 지배적 성격, 지배를 자신의 본질로 삼는 계몽의 성격이 있다.

(숫자를 포함한) 기호로서의 문자는 과학──이때의 과학은 단순히 자연과학 일반을 말하는 것이 아니라, 보다 포괄적인 의미에서 이성적이고 논리적인 사유 방식으로 구성되는 모든 학문적 체계를 뜻한다──으로 나아가고, 음향, 그림, 상징이나 형상을 따르는 문자는 음악, 미술, 문학 등 여러 상이한 예술에 분배된다. 이때 과학과 예술의 분리는 계산 불가능한 것까지도 장악하고자 하는 계몽의 전략이다.

기호로서의 언어는 자연을 인식하기 위해 계산의 도구로 전락해야 하며, 자연과 유사해지려는 요구를 포기해야만 하는 것이다. 반면 형상으로서의 언어는 완전한 자연이 되기 위해 모상(模象)이 되는 데 만족해야 하며 자연을 인식할 수 있다는 요구는 단념해야 한다. (『계몽』, p. 43)

그러나 아도르노와 호르크하이머는 상징과 형상의 언어를 버리지 않고 자기를 표현하고자 하는 '진정한' 예술작품은 관리되는 체계 속에서도 '독자적이고 자기 완결적인 영역'을 확보할 수 있다고 말한다. 계몽이 끊임없이 '어두운 쪽'을 향해 '진보'한다고 말하는 그들에게서 유일한 유토피아적 출구를 발견할 수 있다면, 그것은 아마도 현실과의 교섭을 불허한 채 자기 완결적인 세계를 표현하는 미학의 영역에서일 것이다.

아도르노와 호르크하이머에게 있어 '예술'은 '지배'의 영역 바깥에 있고 개념적 언어로 사유하는 지점을 넘어서는 유일한 '진리 표현의 장소'이다. 그것은 지배와 개념화의 구속에서 자유롭다는 점에서 본래의 자연과 닮은 꼴이다. 예술은 자연에의 미메시스다. 특히 아도르노에게 있어서 음악은 체계의 틀 속에 포섭될 수 없는 언어 밖의 언어로 자기 존재를 표현한다는 점에서 중요하다. 물론 여기서 아도르노가 말하는 음악은 듣기 좋은 멜로디를 생산하는 문화산업이 만들어낸 대중음악과는 다르다. 그가 중요하게 생각했던 음악은 고정된 음악적 문법을 넘어서 새로운 의미를 생산하고, 기존의 것과는 다른 '차이'를 만들어내는 음악이다. 아도르노는 '사실 그 자체', 혹은 '있는 것'으로서의 현실적 존재와 그것이 불러일으키는 효과인 '자명함을 부정'하기 위한 방법으로 '심미적 가상'으로서의 예술작품에 관심을 기울였다.

가상으로서의 예술세계는 관찰과 실험만으로는 온전히 그 모습을 알 수 없는, 개념적 사고에 의해 파악된 일면적 현실을 넘어서고 그러한 현실과 대립하는 세계이다. 이러한 미학의 힘, 현실과 전혀 다른 지점에서 생겨나지만 현실의 지배적 권력에 맞서 싸울 수 있는 그 힘은, 끊임없이 자신을 돌아보고 반성하는 사유의 긴장 속에서만 생성될 수 있는 것이라고 저자들은 말한다. 그러므로 현실에 대한 무지와 냉소를 '예술의 자율성'으로 환언하는 의사모더니즘과, 미학의 영역으로 도피했음에도 불구하고 그 속에서 예술과 사회의 긴장을 놓치지 않으며 끝까지 유토피아적인 희망을 포기하지 않았던 아도르노와 호르크하이머의 안간힘은 다른 것일 수밖에 없다.

4. 계몽의 계몽을 위하여

있었던 것, 혹은 지나온 것이 '더 나은 것'으로서 현재를 구성하고 그 현재는 다시 더 나은 미래를 구성하는 한 요소가 된다는 생각은 아도르노와 호르크하이머에게 있어 한낱 미망에 불과했다.

> 역사를 통일된 이론으로 만들 경우 역사는 선한 것으로서보다는 공포의 역사로서 구상될 수 있는 것이기 때문에 사유는 사실 부정적인 것이다. 좀더 나은 상태에 대한 희망은, 이러한 희망이 단순한 환상을 그리고 있는 경우가 아니라면, 더 나은 상태가 확실하고 단단하며 궁극적인 무엇이라는 보증으로부터 나온다기보다는, 만연해 있는 고통에 대해 눈을 감아 버리는 태도로부터 나오는 것이다. (『계몽』, p. 335)

그들이 보기에 역사는, 미개의 자연으로부터 인간이 자유를 얻어 가는 해방의 역사가 아니라, '다른 것'을 끊임없이 동질화하거나 배제하는 과정 속에서 자기를 유지해 나가는 지배와 폭력의 역사에 불과했다. 자연에 의한 인간의 지배가 '신화'를 구성하는 원리였다면, 지식을 소유한 인간이 그 신화를 파괴하면서 자연을 지배하는 시대가 이어지고, 그것은 다시 인간에 의한 인간의 지배로 연결된다. 하지만 그것은 손상당한 자연의 보복이라는 신화 속으로 다시 떨어지게 되는 악순환의 고리를 벗어날 수 없다. 이것이 바로 인류의 역사와 계몽의 변증법을 구성하는 원리이다. 그러므로 역사는 통일적으로 인식될 수 있는 성질의 것이 아니다. 미래에 대한 희망을 쉽게 이야기한다는 것도 현실의 고통을 직시하지 못하는 느슨한 태도로부터 나오는 것에 불과할 따름이다.

언제나 문제는 끊임없이 의심하고 반성하는 태도의 긴장을 잃어버리는 것으로부터 출발한다. 계몽의 긍정적 성격인 사실에 대한 과학적 탐구가 사실을 맹신하는 신화로 바뀌고, 비판 정신이 '자발적 검열'을 통해 지배에 봉사하게 되는 현실을 그들은 고발한다. 인간에게 자유의지를 가르쳐 주었던 18세기 계몽주의 사상, 프랑스 혁명의 정신적 기폭제가 되었던 그것도 정신적 긴장을 잃어버리자 왕정복고라는 반동적 사건을 막을 수 없었다.

그러나 아도르노와 호르크하이머가 계몽, 그리고 계몽적 사유와 실천을 전면적으로 부정한 것은 아니다. 계몽이 중세의 종교적 세계관으로부터 벗어나 인간을 이 세계의 진정한 주인으로 세우고자 했던 의지로부터 출발했다는 점을 그들은 정확히 인식하고 있다.

"사회 속에서의 자유가 계몽적 사유로부터 분리될 수 없다"는 그들의 말은 계몽의 정신이 자유의 정신과 맞닿아 있는 것임을 지적한 것이다. 그들이 보기에 20세기의 계몽 이성이 자본과 권력이라는 현실적인 힘에 포획된 도구적 이성으로 전락했기 때문에 스스로의 힘만으로는 현실에 대한 어떤 비판이나 반성의 계기도 드러낼 수 없다는 것이 문제였던 것이다.

이제 계몽은 끝났다고 말해야 할까? 여기서 아도르노와 호르크하이머는 우리에게 아직 할 일이 남아 있다고 말한다. "진정한 혁명적 실천은 사회가 사유를 경직시키는 수단인 '의식 부재' 앞에서 쉽게 굴복하지 않는 이론"을 만들어내는 것으로부터 출발하기 때문이다. 그때의 이론은 지배의 체계에 포섭되지 않는, 끊임없이 자기를 돌아보며 반성하고 비판하는 사유에 다름 아니다. 그것은 잘못 절대화된 맹목적 지배의 원리를 철폐하려는 시도이며, 지배하는 과학에 의해 오인된 '근원으로서의 자연'을 기억해내려는 노력이다. 그러므로 문제는 다시 '자연'이다. 계몽을 계몽하기 위한 계몽의 전략으로서의 '자연'.

그러나 아도르노와 호르크하이머가 『계몽의 변증법』에서 사용하는 '자연'의 개념은 대단히 어렵고 복잡하다. '단순한 객체로서의 자연'이라고 했을 때의 자연은 신화에서 계몽으로 넘어가는 과정에서 즉자적인 사물, 인간을 위한 사물로 전락한 자연을 가리킨다. 또 '반복되는 자연'은 상징의 핵심이자 신화적인 것, 영원한 것, 순환되

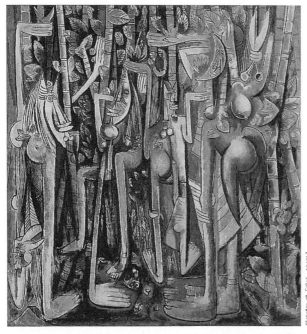

자세히 들여다보면 정글 속에는 많은 것들이 있다. 사람, 동물, 나무, 달 그리고 과학기술의 상징인 '가위'까지. 이 모든 것들이 각자 자기 모습을 잃지 않으면서도 조화롭게 자리잡고 있다. 아도르노와 호르크하이머가 꿈꾸었던 세상이 이런 모습이었을지도 모르겠다.

는 계절 등의 의미를 담고 있는 것이며, '보편적인 힘으로서의 자연'은 인간에 의해 '단순한 객체로서의 자연'의 위치로 떨어지기 이전의 자연 혹은 신화 속의 신들이 갖고 있는 마나적인 힘을 의미한다. '전체도시의 사연'은 인간의 사회가 '제2의 자연'이 되어버린 세계에서 인간 자신을 의미하지만 스스로에게 아무런 통제력도 갖지 못한, '체계'에 사로잡힌 전체라는 의미로 사용된다. 그런가 하면 자신의 강압적 메커니즘 속에서 자연을 반영하고 되풀이하는 사유를 일컬어 '잊혀진 자연'이라고 부르기도 한다.

자연은 미메시스의 대상이기도 하고 미학의 원리이기도 하며, 인간 자신 혹은 신화, 인간을 제외한 생명체 일반, 혹은 인간이 만들어낸 사유, 그리고 사회를 의미하기도 한다. 『계몽의 변증법』에서 아도르노와 호르크하이머가 제시한 '이론'으로서의 '자연'은 '근원으로서의 자연'을 기억하는 것인데, 그것은 '소외된 자연에서 인지되는 자연' 즉 계몽의 신화를 깨는 계몽이다. 따라서 이들에게 '자연'은 제안할 수 있는 최선의 대안이자 유일한 '혁명적 실천'인 셈이다.

예술, 관습, 승화된 사랑 같은 것들은 자연이 쓰고 있는 가면으로서 자연은 이런 것들로 변형되어 재등장하며 자신의 반대물을 통해 표현된다. …… 자연 그 자체는 옛날 사람이 믿었던 것처럼 선한 것도 아니고 신낭만주의자들이 원하는 것처럼 고귀한 것도 아니다. 자연을 어떤 목표나 모범으로 삼으려 할 경우 그러한 자연은 '반(反)정신'이며 허위이며 야수성이다. '인식된 자연'이 될 때 자연은 평화에 대한 살아 있는 사람들의 염원이 되고 파시스트적인 지도자나 집합성에 대한 결연한 저항의식을 고취하게 될 것이다. 지배적인 실천이나 이것에 대한 피할 수 없는 대안으로 제시되는 실천이 위험시하는 것은 그러한 실천이 염두에 두고 있는 자연이 아니라 자연이 회상된다는 사실이다. (『계몽』, p. 376)

자연은 역사에 포섭되지 않고 사유를 비판할 수 있는 힘이며, 개념적으로 규정할 수 없는 '전체로서의 세계'이다. 자연은 계몽이 만들어낸 체계로서의 현실을 바꿀 수 있는 가능성의 지대이며, 계몽적 이성의 바깥에 있는, 하지만 계몽과 계몽 이전을 모두 담고 있는 계몽의 '외부'이다. 계몽은 '주체 속에 있는 자연', '근원으로서의 자연'을 기억해냄으로써만 지배일반에 맞서고 스스로를 완성하고 지양할 수 있다. 이것이 계몽이 갖는 자기 계몽의 전략이다.

마지막으로 서구 '계몽'의 눈에 비친 '야만'이 우리에게 들려주는 이야기 한 토막을 함께 읽어보는 것으로 이 장을 마무리하겠다.

오직 백인들에게만 자연은 '황야'였고, 오직 그들에게만 대지는 '야생' 동물과 야만인들이 '떼지어 몰려다니는 곳'이었다. 우리에게 있어서 자연은 길들여져 있는 양순한 것이었다. …… 동쪽으로부터 털이 많은 사람들이 와서 광기어린 잔혹함으로 우리와 우리가 사랑하는 가족들에게 수많은 불의를 자행했을 때, 우리들에겐 그것이야말로 '야생적인 일'이었다. 숲속의 동물들이 다가오는 백인들을 피해 도망가기 시작했을 때, 우리에겐 그것이 바로 '무법천지' 서부의 시작이었다. (루터 스텐딩 베어, 『얼룩독수리의 땅』)

3장
오디세우스, 주체의 탄생

미론, 「원반던지는 사람」, BC 450년경

청년의 시선은 멀리 이상을 향하고 있다. 자유롭고 관대한 정신과 활기찬 신체의
에너지로 무장한 그는 세계를 향해 도약한다. 어떤 것도 "나"를 가둘 수는 없다.
그는 주술과 신화의 세계가 봉인된 원반을 최대한 멀리 던져버려야 한다. 합리적
이성을 무기로 세상과 대결할 때 그는 진정한 '주체'의 위치에 오를 수 있다.

1. 누가 이 세계를 구할 것이냐

루카치의 『소설의 이론』*Die Theorie des Romans*은 다음과 같은 그리스 시대에 대한 찬사로 시작된다.

> 별이 빛나는 창공을 보고, 갈 수가 있고 또 가야만 하는 길의 지도를 읽을 수 있던 시대는 얼마나 행복했던가? 그리고 별빛이 그 길을 훤히 밝혀주던 시대는 얼마나 행복했던가?

반드시 그리스 시대로 돌아갈 필요는 없다. 눈을 감고 한번 상상해 보자. 시계도, 나침반도, 핸드폰도 없는 까마득한 옛날 옛적, 칠흑같이 어두운 밤이다. 쌀쌀한 바람이 옷깃을 스치고, 내가 밟은 나뭇잎 바스락거리는 소리만 들리는 숲속, 낯선 길 위에 나 홀로 서 있다. 어디로 가야 할까? 사방을 둘러봐도 도무지 어디가 길인지 분간조차 할 수 없을 때, 문득 올려다본 하늘에서 반짝 빛나는 별빛 하나. 아, 비너스로군. 저 별빛을 따라가면 북쪽으로 갈 수 있을 거야. 어서 서

두르자. 저 별빛이 길을 비춰주는 것 같은데. 이제 춥지도 않고 외롭지도 않아.

루카치는 왜 그리스 시대가 행복했다고 말했을까? 그의 말을 따르자면, 그 시대에는 모든 것이 새로우면서도 친숙하고 모험으로 가득 차 있었다. 또한 세계와 자아, 저 하늘의 별빛과 내면의 불꽃이 뚜렷이 구별되어 있으면서도 서로에 대해 결코 낯설어지는 법이 없었다. 그런 시대를 사는 영혼의 모든 행위는 의미로 가득 차게 되고, 하나같이 의미 속에서 또 의미를 위해서 완결된다. 이것이 바로 루카치가 아는 그리스 시대, '총체성'으로 가득 찬 시대다. 사실 루카치뿐만 아니라 대부분의 서구 사상가들에게 있어 그리스 시대는, 그들 머릿속에 그릴 수 있는 이상적 세계에 대한 하나의 원형이었다. 마치 동양의 지식인들이 중국 고대의 요순시대를 태평성대의 원형으로 여겼던 것처럼, 그들에게 있어 그리스 시대는 다가올 미래에 거는 지나간 유토피아의 희망이었던 셈이다.

루카치는 자아와 세계가 조화를 이루었던 그리스 시대를 행복했던 시대라고 말했다. 바꿔 말하면, 인간이 자연의 생리와 이치를 알고 그것의 질서에 순응하며 자신도 그 자연의 일부로 살았던 시대, 호머의 서사시가 문학이자 음악이고 법이자 예절이었던 시대, 인간이 그 속에서 조화롭게 생활하며 어떤 대결이나 부침도 없었던 시대, 그런 시대를 루카치는 그리워하고 동경했다.

자연과 인간이 조화를 이루고 인간이 자연의 일부로 사는 것이 자연스러웠던 시대에 대한 동경은 아도르노와 호르크하이머에게도 있다. 이를테면, 다음과 같은 구절을 보자.

주술의 단계에서 꿈과 형상은 사물의 단순한 기호가 아니라 유사성과 이름에 의해 사물과 직접 결합한다. 그 관계는 '의도의 관계'가 아니라 '친숙성의 관계'이다. 주술은 학문처럼 목적성을 가지나 그 목적을 객체에 대한 진보된 거리가 아닌 미메시스(mimesis)를 통해 추구한다. 주술은, 노이로제 환자처럼 자기 탓으로 돌리는 원시인의 '사유의 전능성' 위에서 생겨난 것이 아니다. "현실에 비해 영혼의 흐름을 과대평가하는 것"은 '사유와 현실의 격렬한 분리'가 아직 일어나지 않은 곳에서는 있을 수 없다. (『계몽』, p. 33)

계몽된 시대를 사는 사람들에게 있어 사물에 이름을 부여한다는 것은 그 사물에 하나의 '기호'를 붙인다는 것 이상의 의미를 갖지 못한다. 한 사물과 그것에 대한 이름이 아무런 인과관계나 이유 없이, 의도적으로 맺어진다. 그러나 주술시대의 사람들은 이름이란 사물이 갖는 형상이나 성질과 떨어질 수 없는 것이라고 생각했다. 때문에 이때의 명명법은 그 사물이 가진 내용을 충분히 전달할 수 있는 '친숙성의 관계' 속에서 이루어지게 된다. 아도르노와 호르크하이머는 그것이 가능했던 원리를 그들 스스로 자연을 닮아가고자 하는 '미메시스적인 태도' 속에서 찾고 있다.

아테네의 파르테논 신전

그리스 시대는 신화와 계몽의 용광로였다. 그리스인들은 자신들의 세계를 합리적으로
조망할 줄 알았고, 하늘의 신성함에 겸손할 줄 알았다. 루카치는 그 시대를 '총체성' 이
보존된 유토피아의 원형으로 동경하지만, 아도르노와 호르크하이머는 그 속에서 신화
를 파괴하는 합리적 질서의 힘을 발견한다.

　　　여기서 아도르노와 호르크하이머가 말하는 미메시스는 아리스

토텔레스가 『시학』에서 말한, 자연을 그대로 따라 그리는 '모방' (혹

은 재현)이나, 대상을 자기와 같은 것으로 동질화시키는 계몽의 자기

동일성 원리와는 다르다. 그들이 말하는 미메시스란 철저하게 '객체

에의 동화' 를 의미한다. 한없이 자연에 가까워지는 것, 나아가 자연

의 일부로서 자기 스스로를 이해하는 것.

그러나 이러한 태도는 자연을 객체화하고 지배의 대상으로 바라보는 계몽된 인간들에게는 낯선 것이다. 그들은 세계의 중심을 '이성'이라고 생각함으로써 "현실의 흐름에 비해 영혼의 흐름을 과대평가"하기 시작했고, 이러한 '사유와 현실의 격렬한 분리' 속에서 인간과 자연 사이에는 더이상 메울 수 없는 거대한 간극이 생겨났다. 그러나 바로 그 순간 인간은 스스로가 지배하기 시작한 자연으로부터 소외된다. 이것이 자신을 지배하기 시작한 인간에 대한 자연의 복수이다.

어느 날 문득, 모든 것이 변한다. '고독한 단독자'인 '나'가 조화로운 세계의 탯줄을 끊고 태어난다. 나의 탄생은 나 아닌, 하지만 '나'의 존재를 증명시켜 줄 수 있는 '타자'를 필요로 하고, 이때 세계는 혹은 내가 그것의 일부였던 자연은 주체인 나와 대결하는 대상(객체)으로 전락한다. 내가 그것과 조화로운 하나였을 때, 그 의미를 물을 필요조차 없었던 세계의 의미, 현실의 의미, 존재의 의미 등등이 의문투성이가 되고, 세계는 점점 알 수 없는 미지의 것이 되어간다. 알 수 없는 세상에 혼자 내동댕이쳐진, 그 세상과 대결하며 나와 세계의 간극 사이를 방황하는 영혼의 이름이 루카치가 말한 '문제적 개인'이다.

아노르노와 호르크하이머가 제2차 세계대전을 불러일으킨 자본주의적 파시즘과 '독소 불가침 조약'을 맺어 이를 방관했던 스탈린식의 전체주의적 사회주의를 보며, 『계몽의 변증법』 속에서 계몽과 이성을 기원으로부터 반성하고자 했던 것처럼, 루카치는 제1차 세계 대전의 발발과 이 전쟁을 지지했던 독일 사회민주당에 대한 비판의 한 형식으로 『소설의 이론』을 썼다. 그러므로 "왜 인류는 진정한 인간적인 상태에 들어서기보다 새로운 야만 상태에 빠졌는가"라는 아도르노와 호르크하이머의 의문과 "누가 우리를 서구의 문명으로부터 구해줄 것인가"라는 루카치의 문제의식은 서로 다르지 않다. 문제는, 루카치가 가졌던 문제의식과 그것에 대한 전망이 한 세대만큼의 시간이 흐른 후에도 여전히 해결되지 않은 채 남아 있었다는 것, 게다가 그 문제가 더 나쁜 쪽으로 '발전'해 버렸다는 것이다. 그런 의미에서 아도르노와 호르크하이머가 『계몽의 변증법』에서 품었던 문제의식은 루카치의 그것과 다르지 않으면서도 한층 복잡하고, 어둡고 비관적인 것일 수밖에 없었다.

아도르노와 호르크하이머는 행복했던 그리스 시대는 없다고 말한다. 그들은 루카치가 공들여 찬사를 보낸 그리스 시대의 조화로움과 의미 속에 이미 계몽의 논리가 작동하고 있었다고 본다.

사람들은 호머의 세계가 의미로 충만된 질서잡힌 우주라고 경탄해 왔지만 이 세계는 이미 정돈하는 이성에 의해 만들어진 작품임이 드러난다. 이러한 이성은 거울에 비추듯 신화를 있는 그대로 재현시키는 합리적 질서의 힘으로 신화를 파괴하는 것이다. (『계몽』, p. 81)

이것은 루카치의 부정인 동시에 비판적 계승이다. 그들이 보기에는 '의미로 충만된 질서잡힌 우주'인 호머의 서사시 『오디세이』조차도 '신화'와 '합리적인 노동'으로 뒤엉켜 있고, 그것이 '계몽의 변증법'에 대한 하나의 증거를 이룬다. 루카치가 말했던 '문제적 개인'의 징후를 아도르노와 호르크하이머는 까마득한 옛날 서사시의 주인공인 오디세우스에게서부터 발견한다.

2. 책략가 오디세우스, 신들의 세계로부터 도망치다

호머는 오디세우스의 모험담을 서사시라는 형식에 신화라는 소재를 버무려서 한 편의 이야기로 만들었다. 트로이 전쟁에서 승리한 오디세우스와 그의 전우들이 천신만고 끝에 집으로 돌아가기까지의 과정이 이 서사시의 큰 줄기인데, 이때 이들 앞에 닥치는 '천신만고'에는 모두 그리스 신화에 나오는 신들이 개입한다. 아도르노와 호르크하이머는 이 부분에 주목한다. "트로이로부터 이타카로의 험난한 귀향길은 자연의 힘에 비해 육체적으로 무한히 허약한, 이제 자아의식 속에서 서서히 형성되는 '자아'가 신화를 통과하는 길이다."

오디세우스의 귀향기는 "주체가 신화적 힘들로부터 도망쳐 나오는 도정" 위에서 펼쳐진다. 그 과정에 나타나는 개인과 운명의 관계는 신화와 계몽의 대립에 다름 아니며, 인간과 신의 형상을 한 자연의 대결은 탈자연화, 탈신화화를 목표로 하는 계몽의 알레고리다.

죽음을 불사하는 '지식'

신들의 세계로부터 탈출하는 오디세우스의 행로는 자아의 형성 과정과 겹쳐진다. 『오디세이』에서 주인공 오디세우스가 등장하는 것은 제5권 「칼립소의 동굴」에서부터인데, 우리는 여기서 여신인 칼립소의 주거지가 '동굴'로 설정되어 있다는 점을 눈여겨볼 필요가 있다. 신화 속에서, 인간에게 공포의 대상이었던 자연 혹은 그것의 일부였던 (악마적인) 신들은 호머의 서사시 속에서 동굴이나 섬에 유폐된 존재로 전락한다.

인간을 먹는 외눈박이 거인 키클롭스와 개의 형상을 하고 있는 스킬라는 동굴 속에서 살고, 오디세우스의 동지들을 돼지로 만들어버리는 마녀 키르케는 섬에서 산다. 오디세우스가 고향으로 돌아가는 과정에서 만나는 그의 적대자들이 모두 섬이나 동굴에 있다는 것, 그리고 그들의 형상이 모두 기형적이거나 악마적으로 묘사되어 있다는 것 속에서 우리는 주인공이 그들과 싸워서 이겨야만 하는 '정당한'(!) 근거를 발견할 수 있다. 신화는 이제 존경과 숭배의 대상이 아니라, 싸워서 없애버리거나 정복해서 지배해야만 하는 대상이 되어버린 것이다.

오디세우스가 유폐된 신들의 세계로부터 탈출해 계몽의 세계로 나아갈 수 있었던 것은 그에게 지식과 책략을 사용할 수 있는 능력이 있었기 때문이다. 그러므로 유폐된 신들의 이야기는 자연에 대한 공포를 몰아냄으로써 자기를 세계의 주체로 세우는 인간 지식의 발전 과정에 대한 중요한 알레고리다.

지식을 활용하는 첫번째 방법은 바로 미지의 사물이나 공간에 익숙한 혹은 특정한 이름을 부여하는 것이다. 오디세우스가 자신을 위협하는 적대자들의 공간을 무사히 통과할 수 있었던 것은 작동하는 운명의 힘과 스스로의 지략을 적절히 이용할 수 있었기 때문인데, 이 과정에서 그 각각의 공간에 이름을 부여하는 행위를 통해 그는 미지의 자연에 대한 공포를 일차적으로 극복하게 된다. 미지의 것에 대한 지식은 그 대상에 이름을 부여하는 것으로부터 시작하며, 이름을 통해서 인간은 사물을 합리적으로 조망할 수 있게 된다.

또한 오디세우스가 외눈박이 거인이나 괴물들로부터 신변을 보호할 수 있었던 것은 키르케와 칼립소라고 하는 여신들의 조력이 있었기 때문이다.이들은 오디세우스가 항해하는 도중 부딪치게 될 일들이나 표류할 지역에 대한 정보를 소상히 알려준다. 서사시 속에서 인간의 지식은 신들의 '예언'을 통해서 구체화되는 셈이다. 악마성을 지니지 않은 신들은 여전히 건재하지만, 그들은 단지 인간이 갖지 못한 '초능력'을 가진 존재 이상은 아니다. 그들은 인간의 운명에 개입함으로써 자신의 '힘'을 과시한다. 이때 신들이 가진 힘의 크기와 인간의 주체성 내지 자아의 구성력은 서로 반비례한다.

신들이 사용하는 주술의 힘이 강하면 강할수록 주체가 그것에 종속되는 정도가 커지며, 주체가 사용하는 이성의 능력이 크면 클수

다오니소스 신화 항아리

자연과 인간을 지배하며 올림포스에서 즐겁게 노닐었던 그리스의 신들에게도 걱정 근심이 있었을까? 그들은 어떤 면에선 너무나 인간적이었고, 철부지였다. 그리스 신들이 그 시대의 인간들을 지배할 수 있었던 것은 무엇보다도 인간과 세계에 대한 충분한 '지식'이 있었기 때문이었다. 문학의 영역에서는 그것을 '예정된 운명'이라고 표현한다. 신들은 인간의 운명을 미리 정해놓고 그것을 즐기는 존재로, 인간은 예정된 길을 한 치의 오차도 없이 걸어가는 존재로 그려진다. 완전히 계몽된 시대의 인간들은 그 신화적인 운명의 예정성을 사물에 대한 '법칙성'으로 전도시킨다.

록 주술의 힘은 왜소해진다. 그런 의미에서 오디세우스의 귀향 과정에 있어 최고의 위험지대는 칼립소의 섬이다. 이곳에서 오디세우스는 주체로서의 능력을 발휘하지 못하고, 자신을 사랑하는 여신의 '영원히 늙지도 죽지도 않게 해주겠다'는 약속에 묶여 무기력하게 하루하루를 보낸다. 칼립소의 약속은 고행 끝에 주인공을 고향으로 돌아가게 한다는, 신들이 만들어낸 '운명의 필연성'에 개입하는 또 하나의 운명이다. 그러나 이러한 상황은 오디세우스의 귀향을 비호하는 아테나의 노력과 제우스의 힘으로 예정된 원래의 과정 속으로 재편된다.

오디세우스가 지난한 여행을 통해 겪게 되는 간난신고는 신들에 의해 예정된 것이지만, 오디세우스는 자연의 힘에 수동적으로 굴복하는 인물들과 달리 자연의 힘에 능동적으로 대응하면서 확고한 자아를 만들어 간다. 그에게는 "고향과 확고한 '소유'로의 귀환"이라는 자기 유지의 목표가 뚜렷하기 때문이다. 칼립소의 섬이 위험지대인 이유는 오디세우스가 이곳에서만큼은 자기 유지를 위한 어떠한 적극적 의지나 행동도 보이지 않기 때문이다.

오디세우스로 하여금 어려움 속에서도 살아남게 하는 것은 신화에서 요구되는 '운명의 필연성'이지만, 그 속에는 신들의 '예언'을 몸소 실천하는 주체의 지식이 결부되어 있다. 그것은 "그의 '동일성'을 가능하게 하고, 그로 하여금 살아남게 해주는 지식은 궤도에서 이탈되기도 하고 해체될 위험도 맛보는 다양한 경험으로부터 얻어지는 것이다".

예정된 삶, 운명의 필연성에 관한 지식은 주체로 하여금 죽음을 불사하는 용기를 삶의 자세로 받아들이게 한다. 운명과 결탁한 주체의 능동성과 그로부터 확장되는 자기 동일성의 원리, 이것이야말로 신화가 서사시로 넘어가는 과정 속에 있는 비밀이다.

자아는 모험을 두려워하며 모험 앞에서 경직되는 것이 아니라 모험을 통해 강인한 자아, 즉 통일성을 부정하는 다양성 속에서 통일성을 갖게 되는 자아를 형성하는 것이다. (『계몽』, p. 86)

기만적인 '선물'

오디세우스에게 자기 유지가 가능했던 이유는 그에게 "고향과 확고한 '소유'로의 귀환"이라는 변치 않는 목표가 있었기 때문이다. 이것을 위해 오디세우스는 능동적인 모험가로서 자신의 운명과 맞선다. 이때 그가 운명에 맞서는 방식의 하나가 '투항의 능동성'이다. 이를테면, 그는 신들에게 '선물'을 줌으로써 적개심을 은폐하는 한편, 상대방을 방심하게 함으로써 위기를 모면한다. 자신이 가진 무엇인가를 스스로 바치는 오디세우스의 행위를 신들은 자발적인 복종의 표현으로 이해한다. 그러나 스스로를 구하기 위해 능동적으로 자연에 몸을 내맡기는 오디세우스의 전략은 사실상 자연을 기만하는 일종의 책략이다.

　오디세우스가 자연신과 주고받는 '선물'은 능동적 투항에 관한 구체적 증거로서 근대적인 '교환'과 원시적인 '희생'의 중간에 위치한다. 원시인들의 제의 속에 담긴 특수한 대속 가능성으로서의 제물이, 주술적인 믿음을 가진 그들 사이에서 작동하는 일종의 '희생' 원리를 표현하는 것이라면, 필요에 의한 쌍방간의 등가적 교환체계는 근대적 관계 속에서의 '세속화된 희생'이다.

　인육을 먹는 거인으로부터 도망치는 과정에서 오디세우스가 보여준 책략을 보자. 동굴 속에 갇힌 오디세우스와 그의 동료들은 거인의 식사거리가 될 순서를 기다리는 것말고는 달리 할 수 있는 게 없다. 그들에게는 거인과 맞설 물리적인 힘이 절대적으로 부족하다. 오디세우스는 잠자는 거인을 공격하고 도망칠 것인가도 생각해 보지만, 동굴 문을 막고 있는 거대한 돌덩이들 때문에 도망치는 게 쉽지 않다. 이때 오디세우스는 키클롭스에게 '선물'을 줌으로써 능동적인 투항의 자세를 취한다.

　키클롭스여, 그대는 인육을 먹었으니 이 포도주를 받아 마시도록 하시오. 그러면 그대는 우리 배가 어떤 음료를 감춰두고 있었는지 알게 될 것이오. 이것은 내가 그대에게 헌주하려고 가져온 것이오. 혹시 그대가 나를 불쌍히 여겨, 고향으로 보내줄까 해서 말이오.

　오디세우스의 선물인 '포도주'는 희생 제물의 '붉은 피'이자, '안전한 귀향'이라는 보상을 전제로 한 협상조건이다. 그는 선물이 "원초적인 신들에게 바치는 희생이지만 동시에 이 신들로부터 보호받을 수 있는 초보적인 보험장치"라는 것을 정확히 인식하고 있는 것이다. 오디세우스의 제안에 키클롭스는 "그대는 내게 자진해서 그것을 한 번 더 주고, 그대의 이름을 말하라, 지금 당장. 그러면 나는

자신의 지략으로 키클롭스를 안심시킨 후 그의 눈을 공격하고 있는 오디세우스. 선물
은 기만적인 책략의 도구였다. 선물은 계몽이 진행되기 이전 시대의 인간들이 신들에
게 바치던 희생 제물과 완전히 계몽된 시대의 인간들이 상호거래의 징표로 주고받는
화폐의 중간에 위치한다. 화해와 친밀감의 제스처이지만 그 속에는 항상 일정한 보상
과 대가가 감춰져 있다.

그대를 기쁘게 해줄 접대 선물을 그대에게 주겠다"라고 응수함으로
써 '선물'을 쌍방의 등가적 교환물로 확정한다.

오디세우스가 보여주는 능동적 투항의 책략에 적극성을 부여하
는 것은 아이러니컬하게도 책략의 대상인 키클롭스다. 그는 자발적
으로 오디세우스에게 "그대는 내게 '자진해서' 그것을(포도주를) 한
번 더 주고"라고 말한다. '포도주'를 주는 행위 속에는 그것을 먹여
서 취하게 한 후 거인의 눈을 공격하고 도망치겠다는 계략이 숨어 있

는데, 이를 모르는 키클롭스는 '선물'을 순수하게 투항의 의지로만
이해한다.

투항과 지배는 한 쌍이다. 그리고 그 사실을 아는 키클롭스는 방
심한다. 오디세우스에게 "그대의 이름을 말하라"고 명령함으로써 그
는 지배를 위한 지식을 확보할 수 있다고 믿는다. 물론 키클롭스의
선물 속에도 책략이 숨어 있다. 그의 선물은 이름을 알려준 오디세우
스를 동료들 중 가장 늦게 먹겠다는 것이었다. 그러나 서로가 서로를
기만하는 이 기막힌 머리 싸움에서 결국 승리하는 것은 오디세우스
다. 물리적인 힘에 있어서 우위를 점하고 있는 대상에게 능동적인 투
항의 포즈를 취함으로써, 즉 선물을 바침으로써 그는 위험으로부터
벗어난다. "신들은 신들에게 바치는 그 경배 장치에 의해 무너지는
것이다."

자기 유지의 방편이 된 '희생'

호머의 서사시는 서로를 지배하고자 하는 인간과 자연이 벌이는 대
결과 긴장의 한판 승부처다. 반복되는 자연현상은 신화적 형상을 통
해 인간을 위협한다. 사이렌과 스킬라와 칼립소는 모두 바람과 기후
와 지형이 바다에서 만들어내는 특수한 현상에 대한 일종의 은유이
다. 오디세우스는 키르케로부터 얻은 '지식'으로 신화적 형상을 하
고 있는 '반복되는 자연'을 '단순한 객체로서의 자연'의 위치로 떨

어뜨린다. 오디세우스의 경우에서처럼, 계몽이 진행되면서 인간은 합리적 이성의 힘으로 신화적 주술을 반복되는 자연현상으로 이해하게 되고, 자연은 주체에 대립되는 객체로 설정되면서 지배의 대상으로 전락한다.

한편 자연신에로의 적극적인 투항을 무사한 귀향을 위한 오디세우스의 책략이라고 했을 때, 그 속에는 눈먼 자연으로 돌아가기를 완강하게 거부하는 자아와 그 대가로 끊임없이 희생을 요구하는 자연의 대립이 숨어 있다. 그러므로 자연을 지배하기 위해, 자기를 유지하기 위해 스스로를 버리는 희생은 오디세우스의 책략의 핵심을 구성한다.

그는 매번 자연 혹은 운명의 힘과 맞서기 위해 '어쩔 수 없이' 자기를 희생하고자 한다. 반복되는 '희생의 내면화' 즉 '체념'은 '적극적 투항'이라는 이성적 결단을 위한 전제조건을 만들어낸다. "의식적으로 숙달된 자연에의 순응만이 자연에 비해 물리적으로 연약한 인간으로 하여금 자연을 자신의 지배하에 둘 수 있게 해준다"는 통절한 깨달음!

오디세우스는 '꿀처럼 달콤한 로토스'의 유혹을 견뎌야 하고, 괴물들에게 사랑하는 전우들을 제물로 바쳐야만 하며, 신성한 히페리온의 소를 먹지 말아야 하고, 포세이돈의 분노로부터 배를 지켜야만 한다. 모든 것은 정해진 '운명의 필연성' 속에서 작동하는 신화적 힘의 원리처럼 보이지만, 이 속에는 주체의 합리적인 노력이 개입되어 있다. 책략으로서의 '희생'과 '체념'을 언제나 염두에 두는 오디세우스는 이 모든 과정들을 견딘다.

> 문명의 역사는 희생이 내면화되는 역사이다. 다른 말로 하면 체념의 역사이다. 체념하는 자는 자신에게 돌아오는 것보다 더 많은 것을 삶에서 내주어야 하며, 자신이 보호해야 할 삶보다 더 많은 것을 포기해야 한다. (『계몽』, p. 95)

'외부의 자연'과 타인을 지배하기 위해 필요했던 희생의 절차는 자아의 '내부에 있는 자연' 또한 부정할 것을 강요한다. 자아가 성립되는 것은 자연과의 유연한 관계를 끊어버림으로써이고, 인간은 자기 '내부에 있는 자연'을 부정함으로써 생동하는 삶 그 자체를 스스로 억압한다.

오디세우스는 자연과의 친밀성을 끊어버림으로써 '외부의 자연' 뿐만 아니라 자기 내부에 있는 본성으로서의 자연과도 결별한다. 합리적 이성과 자신을 동일시함으로써 자기 안에 있는 자연스러운 본성을 억압하는 것은 삶의 생기를 포기하는 것이다. '체념' 즉 '희생의 내면화'는 생기 없는 삶, 숨쉬는 죽음에 다름 아니다. "(자연에의) '미메시스'를 밀어낸 '합리적 이성'은 미메시스와 단순히 대립되는 것이 아니다. 합리적 이성 자체가 미메시스, 죽음에의 미메시스이다."

오늘날 희생에 관한 지배적인 이론은 파시즘에서 발견된다. 그것은 희생을 '집합적인 육체'나 종족의 관념과 연관시킨다. 보다 나은 집단을 위해, 미래를 지배하는 인종을 만들기 위해 개인은 희생될 수 있다는 파시즘의 논리! 여기서 개인이 흘린 피는 집단이나 종족을 위한 새로운 에너지로 탈바꿈한다. 비합리적인 희생의 절차를 통해 희생은 합리화되지만, 그것은 죽음을 향해 돌진하는 광기에 다름 아니다.

유혹도 쾌락도 아닌 '사이렌'

자신의 몸을 배의 마스트에 묶음으로써 사이렌의 주술을 빠져나간 오디세우스의 책략은 합리적인 체념의 또 다른 한 형태다. 이때 합리성은 키르케에 의해 미리 전달된 것으로, 앞으로 경험하게 될 사건들, 즉 이미 정해진 신화적 힘을 인정하는 것 속에서 만들어진다. "그는 신화적 형상들이 가진 힘을 인정함으로써 그들이 요구하는 신화적 법칙을 만족시키기 때문에, 그러한 법칙은 그에게 자신의 힘을 행사할 수 없다."

사이렌의 노래를 듣고 싶다는 주체의 욕망과 그 노래를 들은 사람은 죽음의 문을 통과해야 한다는 신화적 법칙이 완강하게 대립하는 상황 속에서, 오디세우스는 다시 합리적인 책략을 발휘한다.

그는 "사이렌을 피해 정해진 항로를 바꾸지도 않고, 자신의 우

사이렌의 노래를 듣고 있는 오디세우스

배의 마스트에 몸을 묶은 채 사이렌의 노래를 듣고 있는 오디세우스와 귀를 밀랍으로 봉한 채 힘차게 노를 젓고 있는 선원들. 오디세우스는 자신의 운명을 돌파할 '지식'을 알고 있다. 그것은 초인간적인 존재의 도움 없이는 불가능한 것이지만 아무런 대가 없이 얻을 수 있는 것은 아니다. 그는 끝까지 '노래'가 주는 유혹을 고통스럽게 견뎌야 한다. 그리고 자신의 무력함을 인정해야만 한다. 오디세우스는 자발적으로 운명의 힘과 대결하지만, 그 대결의 주체는 실상 귀를 밀랍으로 봉한 채 노를 젓는 선원들이다. 명령하는 것만을 유일한 능력으로 갖고 있는 오디세우스는 자본가나 통치자의 모습과 닮아 있다. 그런가 하면 자신이 무엇을 위해 일하는지 정확히 알지 못한 채 일 그 자체에만 몰두하는 선원들의 모습에서 우리는 '소외된' 노동자의 모습을 발견한다.

월한 지식에 자만하여" 사이렌의 노래 속에 자신을 풀어놓은 채 방

치하지도 않으며, 묵묵히 예정된 운명 속으로 들어간다. 배의 마스트

에 자신의 몸을 묶은 채로. 묶여 있다는 것은 이미 그 대상에 구속된

상태라는 것을 승인하는 표지이다. 그는 묶인 채로 노래를 듣지만,

그것은 이미 쾌락이 아닌 고통이다. '묶여 있는 상태는 신들에게 '대

결의 의지가 없는 것' 혹은 희생 제물과 유사한 것으로 받아들여지게 되고, "그 자리에서 죽이지는 않는다"는 태도를 이끌어낸다. 마스트에 묶인 오디세우스의 몸을 보고 신들은 방심하는 것이다. 결국 '묶여 있는 상태'는 노래와 노래의 신화적 법칙인 죽음과 쾌락을 동시에 무력화한다.

그 자리에서 물리적인 힘으로 대항하려 하지 않으며, 적극적 투항의 태도를 보이는 오디세우스의 책략은 여기서도 일관되게 신화적 형상들을 기만하는 데 활용된다. 하지만 이러한 오디세우스의 합리적 책략이 완전히 주체적인 것은 아니다. 사이렌의 주술을 피해 갈 수 있는 정보를 키르케의 조언 속에서 발견하기 때문이다.

그대는 얼른 그 옆을 지나가되, 꿀처럼 달콤한 밀랍을 이겨서 전우들의 귀에다 발라주세요. 다른 사람은 아무도 듣지 못하도록 말예요. 그러나 그대 자신은 원한다면 듣도록 하세요. 그러나 그대는 날랜 배 안에다 그대의 손발을 묶게 하되, 돛대 자체에 밧줄의 끄트머리들이 매이게 하세요. 그러면 그대는 즐기면서 사이렌 자매의 목소리를 듣게 될 거예요. 그리고 그대가 풀어 달라고 전우들에게 애원하거나 명령하면, 그들이 더 많은 밧줄로 그대를 묶게 하세요.

사이렌의 노래를 들은 사람은 누구도 살아서 집으로 돌아가지 못했다는 것, 그러므로 살아남기 위해서는 신화적 법칙의 '빈틈'을 활용할 수밖에 없다는 것이 오디세우스의 딜레마다. 그러나 다행히도 '빈틈'은 키르케의 조언 속에 모두 있다. 그러므로 키르케의 조언을 한 치의 오차도 없이 수행하는 것, 그것이 바로 오디세우스의 책략이고, 그의 이성이 만들어낸 합법칙성이다. 오디세우스는 주술의 반복성을 '체계적으로 정리한' 키르케의 조언을 성실하게 따름으로써 신화의 법칙성을 피해간다. 그러나 자신의 이성을 사용하여 그 어떤 책략도 스스로 만들어내지는 못한다. 오히려 오디세우스는 노래를 들음으로써 자기 유지의 목적인 안전한 귀향의 가능성을 위험에 빠뜨린다.

오디세우스의 이성은 노래의 유혹과 대면하는 순간 자기 유지의 목적을 상실하고, 주술의 공간을 통과하기 위한 수단으로 전락한다. 그는 지배자의 위치에 서서 선원들의 귀를 밀랍으로 봉함으로써 그들에게서 노래를 들을 수 있는 기회를 박탈하고 순수하게 '노동' 그 자체에만 복무하도록 한다. 하지만 그 자신 또한 묶인 채로 '명령'을 수행함으로써 더 큰 체계의 지배를 받는다. 그 순간, 오디세우스의 이성은 주체적으로 그것을 사용한다는 원래의 의도에서 벗어나 명령을 정확하게 수행하도록 학습된 '도구적 이성'으로 전락하고 만다.

자연을 지배하는 정신은 자연과 겨루지만 자연의 우월성을 항상 반복해서 인정해야만 한다. 오디세우스는 마스트에 묶인 무력한 상태에서만 사이렌의 노래를 들을 수 있다. 들을 수 있지만, 그것은 이미 그에게는 유혹도 쾌락도 아닌 고통이다. 그는 이미 그것을 알고 있었지만, 예정된 순서대로 고통스러워 하고, 자신을 풀어 달라고 애원할수록 더욱 강하게 묶여지면서 그 길을 통과한다. 키르케는 그에게 '원한다면' 그대 자신은 듣도록 하라고 했지만, 그 내밀한 욕망의 가능성조차 실은 '원하도록' 예정되어 있다. 키르케의 조언은 오디세우스의 이성을 관리하고 도구화시킨다는 점에서, 개별적 이성을 통제하고 지배하는 계몽의 시스템을 닮아 있다.

아무 것도 아닌 '이름'

그럼에도 불구하고, 오디세우스의 책략이 주체의 자기 동일성의 증거라고 말할 수 있는 것은, 그에게 말과 대상 간의 본질적인 간극을 활용할 줄 아는 능력이 있기 때문이다. 그는 이름을 물어보는 키클롭스에게 자신의 이름이 우데이스, 즉 '아무도 아니다' 라고 답함으로써 자연신의 복수로부터 빠져 나올 수 있었다.

　방심하고 있는 틈에 오디세우스의 공격을 받은 거인은 그를 괴롭힌 자가 누구인지 물어보는 친구들에게 "무인(無人)이 힘이 아니라 꾀로 나를 죽이고 있소"라고 답하고, 그의 친구들은 "만약 그대에게 폭행을 가하는 것이 아무도 아니고 그대 혼자 있다면, 그대는 아마도 위대한 제우스가 보낸 그 병에서 결코 벗어날 수 없을 것이오. 그러니 그대는 아버지 포세이돈 왕께 기도하도록 하시오"라고 말한다. "지금 너는 제 정신이 아닌 것 같으니까 빨리 네 아버지께 도와달라고 해라"라는 메시지!

오디세우스는 자신의 이름과 발음이 비슷한 '우데이스'라는 단어를 사용함으로써, '이름을 말하라'는 자연신의 명령에 복종하면서도 그에게 잘못된 정보를 제공함으로써 '지식을 통한 지배'의 여지를 남기지 않는다. 하지만 이름을 묻는 질문에 대한 답변과 이름의 부인은 결국 동일한 것이다. 그는 '아무도 아니다'라고 말하며 스스로를 부인함으로써 스스로에게 자신이 '아무 것도 아님'을 고백하며, 자기 스스로를 아무 것도 아닌 것으로 만듦으로써 자신을 구하는 것이다.

오디세우스의 대답은 거짓이기도 하지만, 한편으로는 진실이기도 하다. 오디세우스의 이름이 오디세우스 자신은 아니라는 점에서 그렇다. 이성을 지닌 존재인 오디세우스는 자신을 다른 어떤 것으로 '의도적으로' 명명함으로써, 이름은 단지 하나의 '기호'일 뿐이라는 것을 보여준다. 그것은 이름과 사물 간의 관계를 유사성 내지는 친밀성의 관점에서 파악하는 존재들에게 있어서는 상상할 수조차 없는 일이었다.

오디세우스의 책략에 외눈박이 거인이 속아 넘어갈 수 있었던 것은 지배력의 원천인 자신이 가진 완력을 의심하지 않았기 때문이다. 또 그가 속한 신화적 세계에서는 '말과 대상' 간의 차이가 존재하지 않기 때문이기도 하다. 그 세계에서 말은 사물에 대해 직접적인 힘을 가지고 있으며 '표현과 의도'는 서로 긴밀하게 소통한다. 키클롭스의 친구들은 '아무도 아니다'라는 말을, '존재하지 않는 것'이라는 의미로 받아들인다.

신화적 형상을 하고 있는 괴물에게 있어 힘은 완력일 뿐이고, 그가 '꾀'라고 부른 '지식'은 다른 차원의 것이다. 그러나 인간의 자연지배는 '꾀' 즉 표현과 의도의 '사이'에서 나온다. 오디세우스의 책략 또한 여기서 나오는 것이다.

[그는] 자신을 주체가 되도록 만들어 주는 자신의 고유한 동일성을 부인하고 '무정형한 것에 동화' 됨으로써 자신의 삶을 구한다. …… 그는 이름에 '의도를' 삽입시킴으로써 그것을 주술적인 영역으로부터 보편적 언어의 영역으로 이동시킨다. (『계몽』, p. 113)

그러나 '이름'이 자기 동일성의 힘이라는 사실을 알고 있는 오디세우스는 불안에 빠진다. 그것은 "자아를 상실할 것 같은 불안, 자아를 잃어버림으로써 자신과 다른 삶과의 경계가 지워져버릴 것 같은 불안"이다. 어쩌면 정말 아무 것도 아닌 게 되어버리고 마는 것은 아닐까 하는. 주술적 힘에 대한 오디세우스의 불안은 결국 진실을 털어놓게 만들고, 그것은 거인 키클롭스의 아버지인 포세이돈의 분노를 사게 된다. 우둔함을 가장한 책략의 영리함은 불안과 자만에 의해 다시 우둔함으로 빠진다.

아름답지만 위험한 '망각'

로토파겐, 키르케 그리고 사이렌은 물리적인 힘으로 오디세우스의 귀향을 방해하는 괴물들과는 조금 다른 방식으로 그를 위협한다. 그들이 사용하는 신화적인 힘은 완력도 아니고 지식도 아닌, 특이한 작용을 하는 '주술'이다.

오디세우스의 전우들 중 꿀처럼 달콤한 로토스를 먹은 자는 귀향은 잊어버리고 그곳에서 로토스를 먹으며 로토파겐 사회에 머물고 싶어한다. 커다란 베틀 앞에서 노래를 부르는 여신 키르케가 준 포도주에는 고향을 잊어버리게 하는 해로운 성분이 섞여 있는데, 이것을 마신 사람들은 모두 "돼지의 머리와 목소리와 털과 외모를 가지게 되었으나, 분별력만은 여전"하다. 사이렌의 노래 속에는 이것들보다 더 강하고 독한 주술의 힘이 들어 있어서 "사이렌 자매의 목소리를 듣게 되면, 더이상 그의 아내와 어린 자식들은 집에 돌아온 그의 옆에 서지 못할 것이며, 그의 귀향도 반기지도 못할" 상태, 즉 죽음을 피할 수 없는 상태가 된다. 이들 세 가지 경우에 공통적으로 사용되는 주술의 힘은 주체로 하여금 "망각과 의지의 포기"를 요구한다.

주체의 자기 동일성 유지가 반복에 의한 '기억'과 그에 따른 행위에 있다고 했을 때, "망각과 의지의 포기"는 자아의 해체에 다름아니다. "고향과 확고한 소유로의 귀환"을 자기 유지의 목표로 지니고 있는 오디세우스는 주술의 세계로부터 한 걸음 물러서 있기 때문에, 이성의 힘으로 동료들을 주술의 세계로부터 구출한다.

로토파겐의 연밥(로토스)은 노동에 의한 생산물이 아닌 자연 상태로 주어진 음식물이며, 그것을 먹는 행위는 노동하는 인간 이전의 원시인으로의 퇴행을 대가로 요구한다. 그러나 노동의 대가 없이 주어진 그 음식은 노동의 의지마저 박탈해 버린다. 환각 성분에 도취된 사람은 일상의 긴장과 책임감을 놓아버린 채 '행복한 가상'의 세계에 머무르고 싶어한다. 가상이란 하나의 이미지에 불과한 것이고, 이미지 속에 자신을 방치하는 것은 자발적 행위를 통해 세계를 개척하고 지배하고자 하는 주체의 의지와는 정확히 배치되는 것이다. 그러므로 가상의 이미지 속에서 맛보는 행복은 "불행 의식의 결핍"에 지나지 않는다. 이성적 주체에게 있어 진정한 행복이란, "행동으로부터 얻어지는 성과"이고, "지양된 고통"이다.

사이렌의 유혹을 통과하는 과정에서 볼 수 있는 명령하는 자로서의 오디세우스와 그 명령을 수행하는 노동하는 자로서의 동료들의 관계는 로토파겐의 경우에도 적용된다. 오디세우스에게 있어서 행복은 노동을 통한 성과이고, 노동은 지배를 확고히 하는 수단이며 '귀향'을 가능하게 하는 자기 유지의 힘이다. 그것에 저촉되는 가상의 힘으로부터 동료들을 '구하는' 그의 행위는 체계의 그물망을 뚫고 옆으로 새어나가는 노동력을 다시 제자리에 돌려놓는 일과 다르지 않다.

키르케의 마술은 훨씬 더 까마득하게 먼 곳으로 인간을 퇴행시킨다. 퇴행은 시간의 질서 속에 세운 자아의 의지를 무력하게 만드는 망각의 힘을 그 안에 갖고 있다. 키르케가 오디세우스의 동료들에게 준 음식물에는 인간을 돼지로 만드는 성분이 들어 있고, 돼지의 모습을 하고 있는 한 그들에게는 본능적 욕구 이상이 존재하지 않는다. 돼지는 동시대의 문명이 허락한 것 이외의 다른 쾌락을 꿈꾸는 자에 대한 은유이기도 하다. 아무 것도 의지하지 않는, 자연 상태로 떨어진 그들은 노동에의 의지를 상실한 채 가상의 이미지 속에서 행복해하며 로토스를 먹었던 바로 그들이다.

동료들의 퇴행이 주술의 직접적인 작용, 즉 신화적 명령 속에서 이루어진 만큼 그들을 구하기 위한 오디세우스의 노력도 간단치만은 않다. 망각은 지금-여기로부터 더 먼 과거로 거슬러 올라갈수록, 더욱 심각한 퇴행이 이루어질수록 회복하기 쉽지 않다. 따라서 사이렌의 노래는 가장 위험한 주술이다. 망각의 최종 기착지인 죽음으로 인간을 유인하기 때문이다. 그것을 아는 오디세우스는 동료들의 귀를 막아 그 힘을 원천적으로 차단하고자 하고, 그 자신에게도 모종의 대책을 만들어 두고서야 항해를 시작한다.

사이렌의 목소리는, 음악이라는 예술의 분과가 모두 그렇듯이 이성으로 쉽게 통제할 수 없는 감각에 호소하는 소리다. 그것은 태초의 감각을 되살리는 소리이며, '이디오진크라지'(Idiosynkrasie ; 외부의 위협에 대해 나타내는 무조건 반사의 병적인 혐오)를 불러일으키

이들에게는 지금-여기가 지상낙원이다. 망각의 주술은 퇴행을 요구한다는 점에서 계몽에게는 충분히 위협적이다. 그것은 주체의 자기 동일성을 위협하는 일이며, 자기 유지의 비결인 '귀향'을 거부하는 위험스런 사건이다. 동료들이 로토스를 먹고 망각의 주술 속에서 행복해 하는 동안 오디세우스는 자신의 몸을 담보로 키르케와 협상한다.

는 소리다. 그것은 또한 빠른 속도로 망각을 불러오고 의지를 무화(無化)시키는 소리이기도 하다. 사이렌은 한편으로 오디세우스가 원하는 것, 듣고 싶은 이야기를 모두 해주겠다고 유혹함으로써 그의 이성을 공격하기도 한다. "우리는 넓은 트로이아에서 이르고스인들과 트로이아인들이 신들의 뜻에 따라 겪었던 모든 것을 알고 있으며, 풍요한 대지 위에서 일어나는 것은 무엇이든 다 알고 있으니까요"라고 그녀들은 노래한다. 오디세우스의 이성은 사이렌의 신비롭고 감동적인 목소리가 아니라, '모든 것을 알고 있고, 그것을 다 이야기하겠다'는 지식에 더 강렬한 유혹을 느끼는 것이다.

마침내 고향

오디세우스는 길고 지루한 모험을 끝내고 마침내 고향으로 돌아간다. 그것이 신화 속에 있는 '운명의 필연성'이다. 그러나 동시에 오디세우스의 귀향을 가능하게 한 것은 고향으로 돌아가고자 하는 주체의 의지다. 각종 위험 속에서도 그는 흔들리지 않고 '책략'을 발휘하면서 신화와 주술의 힘을 해체시켰고, 그 과정 속에서 더욱더 견고한 자아를 가진 '개인'으로 거듭나게 된다. "모험을 감행하게 하는 것은 향수이며, 이런 모험을 통하여 주체는 선사의 세계로부터 탈출한다."

오디세우스의 자기 유지의 비밀인 '고향'은 정착생활과 소유라는 개념이 없이는 성립될 수 없다. 그러므로 고향을 그리워하는 향수는, 신화적 속박을 풀 수 있는 자만이 가질 수 있는 특권이다. 고향은 신화로부터 "탈출한 상태"인 것이다.

아도르노와 호르크하이머는 오디세우스의 행위 자체가 신화와 서사시, 소설의 구분을 가능하게 해주는 것은 아니라고 말한다. 그들은 "문명이 신화와 구별되는 방식은 보고되는 행위의 내용에 의해서가 아니"라고 한다.

차이를 가져오는 것은 이야기가 진행되는 가운데 폭력을 자각하도록 만드는 자의식이다. 웅변적인 어투 자체나, 신화적인 노래와는 상반되는 언어, 지나간 재난을 회상 속에서 계속 붙들 수 있는 가능성, 이런 것들이 호머적인 '탈출'의 법칙이다. (『계몽』, p. 128)

이것이 오디세우스가 신화의 세계로부터 도망쳐 '고향'에 다다를 수 있는 비결이며, 그가 다시 돌아온 고향은 신화의 세계 바깥에 있는 계몽의 세계이다.

3. 오디세우스가 매력적인 이유

일반적으로 이야기되는 것처럼 서사시의 주제를 '신과 영웅들의 행적'이라고 한다면, 『오디세이』에 나오는 사이렌의 이야기를 일컬어 "신화와 합리적인 노동의 뒤엉킴"이라고 했던 아도르노와 호르크하이머의 진술은 서사시 일반의 주제와 '신화와 계몽의 동형성'을 주장하는 그들 이론의 주제를 동시에 표현한 것이다. 그런데 그들은 왜 호머의 『오디세이』를 문제삼고 싶었을까?

『일리아드』가 트로이 전쟁을 소재로 집단적 영웅담을 풀어낸 것이라면, 그것과 내용상 연결되어 있는 『오디세이』는 오디세우스라는 특정한 개인의 귀향을 둘러싼 모험담을 다양하고 복잡한 서사구조 속에서 직조해낸다. 여기에 아도르노와 호르크하이머의 첫번째 끌림이 있다. 신화가 개입해 있지만, '개인'(인간)이 이야기의 중심이라는 것. 여기서 '개인'은 특정한 공동체에 속해 있으면서도, 내부적으로 공유하는 규범의 패턴으로부터 벗어나 있는 예외적 인물이다. 오디세우스는 신들이 계획한 예정된 운명의 틀 속에서 수동적으로 행동하는 동시대 인물들과는 달리, 남다른 '의지'와 '힘'을 지니고 자기 운명에 적극적으로 개입하는 능동성을 발휘한다는 점에서 예외적이다. 일례로 그는 다른 뱃사람들과는 달리 사이렌의 노래 속에 숨어 있는 '주술'에 속수무책 당하지만은 않는다. 물론 상당히 가혹한 대가를 치러야만 했지만. 사이렌과의 만남이 '과거 속에서 자기를 상실하도록 만드는 유혹'으로 설정된 것이라고 한다면, 오디세우스는 이 유혹을 고통 속에서 극복함으로써 성숙한 인격을 지닌 인간으로 '진화'한다.

오디세우스의 모험에서 일관되게 나타나는 다양한 죽음의 위기는 성인의 길로 가는 일종의 통과의례와도 같다. 그는 자기 의지로 이성을 사용하여 신화적 힘들과 대결하면서 위기를 극복해 나간다. 아도르노와 호르크하이머는 이러한 오디세우스로부터 '시민적 개인의 원형'을 발견한다. 세계에 대한 과학적 인식과 자유에 대한 확고한 의지 속에서 중세적 관계를 자본주의적으로 재편시킨 시민적 개인은, 이성과 자유의지에 따라 자연과 세계를 지배해 나간 계몽의 주체이다. 아도르노와 호르크하이머는 오디세우스가 보여주는 신화적 주술로부터의 해방과 귀향에의 의지에서 "방랑하도록 운명지어진 주인공이 보여주는 일관성 있는 자기 주장"을 보고, 그것으로부터 '시민적 개인의 원형'을 구성해 나간다.

두번째, 오디세우스가 '시민적 개인의 원형'이라고 한다면, 그로부터 자본주의적 관계의 원형을 찾아낼 수 있다는 점. 여기서 아도르노와 호르크하이머는 다시 사이렌과 오디세우스 일행의 에피소드에 주목한다. 사이렌의 유혹으로부터 벗어나기 위해 배의 마스트에 몸을 묶는 오디세우스의 행동에서 그들은 명령하는 자본가, 무기력한 콘서트 방문자의 모습을 발견하고, 귀가 봉해진 채 노를 저음으로써 위험의 공간을 탈출하는 데 실질적인 역할을 담당하는 선원들로부터 노동자의 원형을 본다.

> 노동은 오디세우스의 이름으로 행해진다. 그가 자기 포기의 유혹에 굴복하지 않는 것처럼, 자본가로서 그는 노동에의 참여를 포기해야 하며 결국에는 경영권마저 가질 수 없게 된다. 반면 선원들은 사물과 아무리 가까이 있더라도 노동을 향유할 수는 없다. 왜냐하면 강압 밑에서 절망적으로 이루어지는 노동은 폭력에 의해 가두어진 의미만을 지니기 때문이다. 노예는 몸과 영혼이 속박되어 있고 주인은 은퇴해야만 한다. 어떤 지배도 이런 대가를 치르지 않을 수 없었다. (『계몽』, p. 69)

오디세우스는 능동적으로 유혹에 맞서고자 하지만 그것은 노동에의 포기를 대가로 요구한다. 그는 명령하는 지배자이지만, 노동의 과정에 참여할 수 없기 때문에 결국에는 경영의 과정에서도 소외된다. 반면 선원들은 주술의 공간을 통과한다는 구체적인 노동을 수행하고 있지만, 귀를 막고 명령받은 일에만 몰두함으로써 사이렌의 노

그리스 조각가의 제작소

청동 주조소에서 망치를 들고 노동하고 있는 그리스 시대의 노동자들. 왼쪽으로 벽에 붙여 놓은 스케치들이 보이고, 오른쪽으로 머리가 없는 조각상을 손질하고 있는 사람이 보인다. 자유로운 분위기 속에서 자기 안의 미의식을 마음껏 표현했던 그들에게는 장인으로서의 자부심이 있었다. 그들은 노예가 아니었다. 하지만 이 속에서 이미 자본가와 노동자의 관계가 싹트고 있었던 것은 아니었을까? 아도르노와 호르크하이머는 사이렌의 주술과 대결하는 오디세우스와 그의 동료들의 관계에서 자본가와 노동자의 관계를 읽어냈다.

래가 주는 쾌락은 물론, 노동 그 자체도 향유할 수 없다. 명령을 수행하는 자는 지배의 아래에 놓이게 되고, 지배하는 자는 그 명령의 실천에 동참할 수 없다.

마스트에 묶인 채 사이렌의 노래를 듣는 오디세우스의 무력함은 본능을 고정시키고 상상력을 위축시킴으로써, 정신적·육체적 퇴행을 기져온 지배자의 모습으로 연결된다. 자신의 지배하에 놓인 자들을 관리하고 조종하는 것으로만 제한되는 지배자들의 사유는 '자기 통제의 도구'이기도 하다. 이것은 물론, '순종적인 프롤레타리아들의 듣지 못하는 '귀' 가 없이는 불가능한 일인 것이다. 결국 아도르노와 호르크하이머는 시민이라는 개념과 지배와 착취라는 자본주의적 관계를 서사시의 시대로까지 끌어올려서 발견하고자 한다.

시민 사회에서 사이렌의 노래는 문화상품으로 둔갑한다. 오디세우스가 몸을 묶음으로써 유혹에 대한 대가로 고통을 감당해야 하는 것처럼, 콘서트장을 방문하는 개인들은 돈을 지불하고 지정된 좌석에 앉아서 문화산업이 제공하는 프로그램을 감상해야 한다. 사이렌의 유혹은 근대인들의 문화적 교양에 대한 욕망 속에서 날마다 새롭게 재편된다.

세번째, 호머의 서사시가 구전되어 내려오던 민중 설화 가운데 문자로 정착된 작품에 해당한다는 점에 아도르노와 호르크하이머는 주목한다. 우리는 이미 앞에서 신화가 "보고하고 이름 붙이고 근원을 말하지만 이로써 기술하고 확정하고 설명하는 것"이라는 점을 살펴보았다. 아도르노와 호르크하이머는 신화가 갖는 고유의 상징언어 체계가 '기록' 되면서 개념적인 계몽의 언어로 바뀌게 된다고 말한다. 이것이 아도르노와 호르크하이머가 『오디세이』에 끌리게 되는 세번째 이유다. 그들은 "호머의 어투는 '언어의 보편성' 을 미리 가정하고 있지 않음에도 불구하고 그러한 것을 창조해낸다"고 말한다.

문자의 사용은 사물에 대한 구체적이고 경험적인 인식을 보편적이고 추상적인 것으로 바꾼다. 이를테면, 문자를 가지고 있는 종족과 그렇지 않은 종족 사이에는 대단히 다른 사고의 체계가 존재한다.

구술문화 속에 살고 있는 사람들이 구사하는 언어는 '상황 의존적'이다. 바꿔 말하면 사물의 쓰임에 따라 그것을 이해하고 인식한다. 그들은 경험적으로 생각할 뿐, 언어를 추상화시키거나 개념화시키는 작업에 익숙하지 않다.

어떤 조사자가 구술문화권 속에 살고 있는 사람들에게 질문했다. "눈이 있는 북극 지방에서는 곰은 모두 흰 빛깔을 하고 있습니다. 노바야젬블랴라는 북극 지방에 있으며, 거기에는 언제라도 눈이 있습니다. 그러면 거기 있는 곰은 어떤 빛깔을 하고 있습니까?" 이 질문에 대한 전형적인 대답은 다음과 같은 것이었다. "글쎄요, 잘 모르겠는데요. 까만 곰이라면 본 일이 있습니다만 다른 빛깔은 본 적이 없거든요. …… 어디든 그 땅에만 있는 생물이 있는 법이거든요." (발터 J 옹, 『구술문화와 문자문화』)

구술문화권에 속한 사람들에게는 문자가 없기 때문에 기억해야 할 많은 내용들을 경험에 의해 만들어진 언어로 '구술' 함으로써 전달한다. 우리가 지금 흔히 '관용구' 라고 부르는 일련의 문구들, 이를테면 '아름다운 공주' 나 '용감한 군인' 이라고 할 때의 수식어인 '아름다운' 과 '용감한' 은 구술문화 세계의 사람들에게 있어서는 반복되는 경험에서 나온 '당연한' 말이고, 이것이 구술의 과정 속에서 하나의 자연스러운 단어들의 결합을 만들어냈던 것이다. 그러므로 구술문화 속에 사는 사람들에게는 단순한 '암기'라는 것이 존재할 수 없었다!

반면, 문자문화 속에 사는 사람들은 개념적으로 사유한다. 그들에게는 말과 대상 간의 간극이 본질적이다. 이 역사 또한 지극히 오래되었다. 문자문화는 "알파벳으로 쓰는 기술을 내면화하고, 이 기술에 의해서 가능하게 된 사고방식을 스스로를 인식하는 하나의 항구적인 수단으로 삼은 뒤에 형식논리를 발견했던 것이다"(발터 J 옹, 『구술문화와 문자문화』).

아도르노와 호르크하이머에게 있어 그리스 시대는 질서와 조화로 충만한, 자아와 세계가 하나의 의미로 통해 흐르며 그 속에서 행복했던 시대가 아니다. 그들은 신화와 인간의 삶이 뒤엉켜 있는 호머의 서사시를 통해 합리적 이성의 힘이 어떻게 자연을(신화를) 지배해가는지 보여주고 싶어한다. 그들이 호머의 서사시를 통해 궁극적으로 말하고자 한 것은 '주체는 어떻게 형성되는가' 이다. 그들은 신들의 세계와 인간들의 세계 사이를 오가며, 살아남기 위해 고투하는 오디세우스의 '책략' 속에서 이성의 흔적을 발견한다.

오디세우스는 신의 형상을 하고 있는 자연과 대결하고 운명의 시련을 통과하면서 자아를 완성시켜 나갔다. 여기서 귀향을 향한 오디세우스의 의지는 변함없는 자기 유지의 목표였고, '주체' 형성의 최고 동력이었다. 그에게 있어 고향으로의 귀환은 사적 소유물을 되찾는 것이라는 의미도 동시에 포함된다. 땅과 재산, 아내, 영지에 속한 사람들, 그리고 그것들에 대한 권리와 지배의 권력까지도 되찾는 것. 이러한 목표 속에서 오디세우스의 책략은 만들어지는 것이고, 숱한 희생과 고통 속에서도 그는 자기를 유지해 나갈 수 있었던 것이다. 그러므로 오디세우스의 긴 여정은, 자연과 인간의 대결 과정에 대한 서사이자, 미성숙의 단계에서 벗어나 성숙한 주체로 거듭나는 한 인간에게 부과된 통과의례이며, 신화로부터 탈각해 가는 계몽의 알레고리다.

4장
줄리엣, 계몽의 마녀

록 밴드 BAD FINGER의 2집 앨범 '무승부는 No dice'의 재킷

줄리엣, 너무나 이성적인 | 사드의
소설에 나오는 그녀는 셰
익스피어의 소설에 나오
는 줄리엣과 너무나 판이
하다. 그녀는 이성뿐만 아
니라 감성에 속하는 부분
까지도 철저히 합리적으
로 관리함으로써 계몽의
체계를 조롱한다.

1. 작전회의를 엿보다

아도르노 선배, 뭐하십니까?

호르크하이머 아, 아도르노씨 오셨군요. 오랜만에 소설을 한 편 읽고 있어요. 그 동안 너무 진지한 논문들만 봤더니, 머리가 딱딱해지는 것 같아서요. 그래, 이번에 새로 옮긴 집은 지낼 만하던가요?

아도르노 아, 예. 뭐 다 좋은데, 아래층에 세 들어 있는 카페에서 밤낮없이 재즈만 크게 틀어대는 통에 아주 미치겠어요. 그 차이 없이 반복되는 단조로운 음이 뭐가 좋다는 건지 참, 이해가 안 됩니다.

호르크하이머 하하. 아도르노씨는 기존의 음악 문법을 전복하는 음악만 너무 편애하시는 거 아닙니까. 대중음악에도 관심을 좀 가져 보시죠.

아도르노 취향도 취향이지만, 사실 요즘 전 미국의 대중문화에 짜증이 나기 시작했습니다. 어쩌면 그렇게 아무 생각들이 없는지……. 할리우드 영화만 해도 그렇구요.

호르크하이머 그게 어디 대중들 탓입니까. 그들을 점점 더 아무 생각없는 자들로 만드는 이 가공할 지배의 체계가 문제 아니겠어요.

아도르노 예. 게다가 이 망할 놈의 자본주의는 정말, 뭐든지 다 '돈'으로 만들어 버리는 기막힌 재주를 가지고 있으니.

호르크하이머 그래요. 대중들은 자신들이 뭔가 자발적으로 하고 있다고 믿지만, 그 뒤에는 분명히 보이지 않는 손이 있지요. 소비의 문제도 문제지만, 문화산업에 의해 전파되는 이데올로기의 힘을 보면 저는 경악을 금할 수가 없어요. 지금 유럽에서 판을 치고 있는 파시즘이 바다 건너 오면 어떻게 될까……. 끔찍한 일이에요.

아도르노 광기죠, 광기. 그 동안 우리 인간들이 너무 이성에만 '광적으로' 집착해서 생겨난 일들이 아닐까요. 전, 이게 다 '자연'의 복수처럼 느껴집니다. 이성을 무기로 자연을 무지막지하게 정복해서 문명을 이루었지만, 결국 전쟁으로 그것을 하루 아침에 망가뜨리는 걸 보세요. 이게 어디 '이성'을 가진 자들이 할 짓입니까.

호르크하이머 역시 문제는 '이성'이군요. 이 문제를 『계몽의 변증법』에서 좀더 효과적으로 밀어붙일 수 있는 방법을 고민해 봅시다. 참, 오늘은 무슨 얘기를 할 차례죠?

아도르노 예, 일단 우리의 테제를 다시 한번 정리해 볼게요. '신화는 계몽으로 나아가지만, 그 계몽은 다시 신화로 떨어진다. 그리고 이성의 역사는 지배의 역사이다.' 지난 번에 우리가 호머의 오디세우스를 가지고, 자연으로부터 분리되어서 독자적인 존재로 서게 된 '주체' 문제를 얘기했었잖아요. 신화의 세계로부터 탈출하는 오디세우스의 모험담을 통해서 '계몽'이 자연을 지배하게 된 배경을 설명했구요. 여기까지가 '신화는 계몽으로 나아간다'에 해당되니까, 그 계몽이 어떻게 다시 신화로 떨어지는지를 말할 차례인 것 같네요.

호르크하이머 그러면 계몽된 이성에 대해서 먼저 말해야 하는데, 역시 칸트로부터 시작해야겠죠? 그가 「계몽이란 무엇인가에 대한 답변」에서 이성을 잘 정의하고 있으니까요. 그런데 칸트가 말하는 이성에는 두 가지 성격이 있단 말이지요. 하나는 인간에게서 보편적으로 발견되는 '자아'라는 것. 이 보편적이라는 것이 사실 좀 문제적인데…… 결국 개별적인 차이를 무화(無化)시킬 수 있단 말이죠. 소외라든가 차별의 문제가 나올 수도 있고…… 잘 가면 공동체, 공동의 유토피아를 공유하게 되는 데로 나아갈 수도 있지만 말입니다.

아도르노 예. 그리고 이성의 두번째 성격이 '자기 유지'의 측면이 되겠죠. 자아가 개별적인 특수자의 영역 속에서 자기를 유지하기 위해 다른 것들을 자기 안으로 동질화시킨다거나, 그게 안 되면 폭력적으로 정복해서 지배하려고 하는 경향을 보이게 된다는 것도 지적해야겠어요. 선배께서 말씀하신 보편적 자아와 이 특수자로서의 자기 유지의 성격이 계몽이 진행되면서 칸트가 말했던 애초의 의도와는 상관없이 단순히 계산하고 계획하는 도구로 전락했다는 것을 말하고, 그 과정 속에서 사유는 의미를 포기하게 된다는 얘기를 하면 되겠네요.

호르크하이머 예. 그렇죠. 사실 칸트가 보편과 특수를 말했을 때는 그런 의도는 없었을텐데, 사람들은 특수자를 보편자의 일례로만 지각하는 경향이 있어요. 특수+특수+특수……가 보편이 된다고 생각하죠. 그런 사고가 모든 것을 양으로만 환산하려는 태도와 연결되고, 결국 자본주의의 교환법칙도 여기서부터 출발하는 것 아닐까요? 가치나 질이나 의미는 점점 고려 대상에서 제외되는 것이구요.

아도르노 이성의 문제를 얘기하려면, 사실 그것에 포획되지 않는 감성의 부분까지도 말해야 할 것 같은데요. 인간에게는 머리가 해결해 주지 못하는 심장의 문제가 또 있는 것 아니겠습니까? 그런데 계몽된 이성은 그것조차도 철저하게 체계화시키려 하죠. 도덕이라든가, 법이라든가 하는 것들이 그 결과일 텐데요. 자연의 질서와는 무관한 이런 체계들이 오히려 지배자들의 통치수단으로 전용되기도 하구요.

호르크하이머 여기서 오늘의 주제가 자연스럽게 나오네요. 계몽은 다시 신화로 떨어진다는 것을 모든 걸 체계화시키려는 이성의 성격을 얘기하면서 말할 수 있을 것 같은데……. 사실, 오늘 내가 읽고 있던 소설이 바로 그 문제를 다루고 있거든요. 사드 백작이 쓴 『줄리엣의 역사』라는 작품인데, 주인공인 줄리엣이 바로 그런 점을 잘 보여주고 있죠.

아도르노 아, 그렇군요. 사드 백작이 계몽에 대해서 대단히 극단적으로 밀고 나갔다는 얘기는 저도 들은 바 있습니다. 그리고 니체도 함께 이야기하는 것이 어떨까요? 니체가 지금은 히틀러 때문에 시달리고 있지만, 사실 그가 말했던 강자의 윤리학이란 자기 유지를 위한 강자의 지배법칙과는 다른 것이었으니까요.

호르크하이머 그렇게 하도록 하지요. 오디세우스의 경우에서 자연을 지배하게 된 이성의 문제를 얘기했다면, 여기서는 이성의 자기 지배와 타자에 대한 지배의 문제를 얘기하는 것이 되겠군요.

아도르노 예. 그것을 문화산업의 이데올로기에 지배를 받는 사물화된 이성에 대한 얘기로 연결시키고, 사유의 능력을 상실한 이성이 약자를 지배하는 형태로 파시즘을 이야기하면, '이성의 역사는 지배의 역사이다' 라는 테제를 다 설명하는 게 될 것 같습니다.

호르크하이머 어서 작업을 진행시켜 봅시다.

2. 줄리엣, 법과 도덕을 조롱하다

사드는 계몽에 대해 철저하게 적대적이었다. 그 자신이 늘 체계의 바깥에 머물고 싶어했으나, 가장 전형적인 체계의 한 형식인 감옥에서 오랜 시간을 보내며 계몽의 지옥을 실감했던 탓인지도 모른다. 그는 이성의 전지전능을 믿지 않았다. 오히려 이성이 모든 것을 다 해결해줄 것이라는 믿음이야말로, 이성에는 어울리지 않는 비이성적이고 맹목적인 신화에 불과한 것이라고 생각했다. "세상이 체계에 맞춰서 한 치의 오차도 없이 착착 진행되다니! 전혀 자연스럽지가 않잖아. 그런 세상이 얼마나 끔찍한지 보여주마." 그는 체계의 바깥을 허용하지 않는 계몽의 이성을 불신했지만, 그의 소설에 등장하는 인물들은 가장 이성적인 방식으로 계몽의 극단을 사고하고 실천한다.

『줄리엣의 역사—악덕의 승리』는 이성적인 것의 극단이 얼마나 비이성적인가를 이야기한다. 줄리엣은 철저히 계몽된 이성을 소유하고 있지만, 그녀가 보여주는 극단적인 욕망의 활용은 그 자체로 야수화된 자연의 이미지에 다름 아니다. 악덕의 승리! 줄리엣은 범죄

요한 하인리히 쇤펠트, "영원의 알레고리", 17세기경

눈이 먼 정의의 여신이 우왕좌왕하고 있는 사이 굶주림과 불의의 폭력에 지친 사람들이 죽음을 기다리고 있다. 현실에서는 소설에서처럼 권선징악이 항상 통하는 것은 아니다. 사드는 그의 소설 『쥘리엣의 역사』와 『미덕의 불운』을 통해 자연계의 질서가 '힘'에 의해 유지되는 것처럼, 인간 사회 역시 법이나 도덕, 정의에 의해 유지되지 않는다는 것을 보여준다.

와 방탕과 매음을 철저히 이성적으로 행함으로써, 말 그대로 권선징악의 논리가 얼마나 허구적인 것인지를 냉정하게 보여준다. 반면에, 이 소설과 한 쌍을 이루는 『쥐스틴―미덕의 불운』은 쥘리엣의 동생인 쥐스틴을 등장시켜 '미덕'의 무기력함을 고발한다. 쥐스틴은 신앙과 정숙함을 무기로 세상에 나서지만, 자신의 의지나 노력과는 상관없이 비정한 법의 희생자가 된다.

사드는 이 두 소설을 통해 자연계의 질서가 '힘'에 의해 유지되는 것처럼, 인간 사회 역시 법이나 도덕, 정의에 의해 유지되지 않는다는 것을 보여준다. '권선징악'은 강자들이 약자들에게 주는 일종의 당근이자 이데올로기일 뿐이라는 것을, 줄리엣의 자유분방함에서 오는 행운과 쥐스틴의 정숙함에서 오는 불행을 빌려 그는 냉정하게 고발하는 것이다.

마녀 탄생

'후견인 없이' 세상에 던져진 미성숙한 두 자매인 줄리엣과 쥐스틴이 세상과 대면하고 위기를 극복하고 자기를 유지해 가는 과정 속에서 성숙한 주체가 되어 간다는 이야기는, 자신의 이성을 사용하여 자연과 대결하면서 신화의 세계로부터 빠져나온 오디세우스의 모험담과 본질적인 면에서 다르지 않다. 줄리엣과 쥐스틴은 모두 오디세우스의 자손이다.

당시 줄리엣이라고 불리던 로르상스 부인은 그 성격이나 기지가 벌써 삼십대 여인 같았고, 따라서 그녀를 묶어 두고 있던 사슬을 순식간에 끊어버린 잔혹한 운명의 전도에는 아랑곳하지 않고 오직 자유롭게 되었다는 기쁨에만 취해 있는 듯하였다. 그때 겨우 열두 살이었던 동생 쥐스틴은 침울하고 항상 우수에 잠긴 성격으로, 언니가 가진 기교나 술책 대신, 훗날 그녀를 숱한 덫에 걸려들게 한 순박함과 천진난만함 그리고 타인에 대한 신뢰를 가지고 있었으며, 보기 드문 자상함과 감수성의 소유자여서, 문득 자신이 놓이게 된 처지의 혹독함을 뼈저리게 느끼고 있었다. …… 자신들의 의향이 그토록 판이하게 다름을 깨닫자 두 자매는 재회의 기약도 없이 헤어지고 말았다. 상류사회의 귀부인이 되겠노라 호언장담하던 줄리엣은 정숙하고 고루한 성향 때문에 자신의 명예를 실추시킬지도 모를 그 작은 계집아이를 다시는 만나주지 않겠노라고 하였으며, 한편 쥐스틴은 그녀대로, 방탕과 매음굴의 희생물이 되고자 하지는 않겠다고, 나름대로의 주장을 굽히지 않았다. (사드, 『미덕의 불운』)

줄리엣과 쥐스틴은 자매지간이지만 둘의 성격은 판이하다. 줄리엣이 기교와 술책을 무기로 자유로운 방탕과 '악덕'의 길을 선택한다면, 쥐스틴은 '범죄'의 유혹으로부터 자신의 '미덕'인 신앙심과 도덕성 등을 지켜내려 끊임없이 노력한다. 그러나 운명은 미덕을 지키며 살고자 하는 쥐스틴 앞에 범죄의 함정을 파놓고 그녀의 의지를 매번 시험한다. 반면, 자신의 의지대로 자유롭게 사는 줄리엣에게 운명은 예정된 것이 아니라 스스로가 만들어 가는 실현 가능한 미래의 현실이 된다. 소설 속에서 쥐스틴이 '선한 마음' 이외에는 자기를 보존하고 지킬 수 있는 어떤 방법도 알지 못하는 무능력한 존재로 그려진다면, 줄리엣은 스스로의 의지에 따라 행동하면서 자기를 보존하고 개발하는 적극적인 존재로 묘사된다.

분명히 말씀드리건대, 그 범행에 어쩔 수 없이 가담하게 되었지만 차라리 저로서는 범행에 가담하느니 죽음을 택함이 기꺼웠을 것입니다. 항상 저의 가슴속에서 잉태되는 정직하려는 마음에 제 자신을 내맡김으로써 제가 겪은 위험들이 어떤 것인지는 너무나도 잘 알고 있습니다. 그러나 미덕의 가시밭길이 어떤 것이라 할지라도, 번영의 거짓 광명이나 범죄 뒤에 나타나는 일시적이고 위험한 혜택보다는 그 길을 택하겠습니다. 저의 내부 깊숙한 곳에는 종교적 사념들이 있어 그것들이, 하늘의 도움으로, 절대 저를 버리지 않을 것입니다. …… 그런데 제가 만약 죄를 저질러 제 마음을 더럽히는 일이 있다면, 그 즉시 제 가슴속에서 샘솟는 그러한 즐거움은 소멸되고 말 것입니다. 뿐만 아니라, 이 세상에서 겪게 될 더욱 무서운 운명의 전도에 대한 두려움과 함께, 하늘을 모독하는 사람들을 응징하기 위하여 저 세상에 마련된 천벌에 대한 공포심을 아울러 갖게 될 것입니다. (사드, 『미덕의 불운』)

쥐스틴의 도덕적 근거는 종교적 믿음이다. 그녀는 '정직하려는 마음' 때문에 '미덕의 가시밭길'을 걷게 될지도 모른다는 점을 알고 있지만, '번영의 거짓 광명이나 범죄 뒤에 나타나는 일시적이고 위험한 혜택'보다는 그 길을 택하겠다고 한다. 그녀에게는 '죄'를 저지

작자 미상, 「궁지에 빠진 정의」

배부른 권력자가 자신의 '욕망'을 꺼내서 정의의 여신 앞에 들이대고 있다. 그녀는 여전히 정의의 칼과 저울을 들고 있지만 고개를 돌린 채 자신의 '욕망' 또한 펼쳐 보인다. 이 장면을 목격한 사법관이 눈치 빠르게 자리를 피하고 있다. 사회의 질서를 유지하고 불의로부터 시민들을 보호한다는 목적으로 만들어진 법이지만 그것이 만사를 다 해결해 주지는 못한다. 권력 앞에서 '정의'는 때때로 무력하다.

르는 것이 '운명의 전도에 대한 두려움'과 '저 세상에 마련된 천벌에 대한 공포'와 함께 다니는 것이기 때문이다. 쥐스틴의 종교적 믿음이 가상의 세계에 대한 '공포'와 연결된다는 점에서 그녀는 여전히 신화적 세계에 머무르는 존재다. 그러나 신화적 세계의 도덕인 '종교적 미덕'만으로는 계몽된 세계를 살아갈 수 없다. 두 자매 중 선(善)의 편인 동생 쥐스틴은 종교적 미덕을 끝까지 준수하지만, 스스로를 불행으로부터 구하지 못하고 도덕법칙의 희생자가 된다.

반면 언니인 줄리엣은 악(惡)의 편에 서 있지만, 철저히 계몽된 이성으로 자기의 운명을 개척한다. 그녀는 종교적인 예배의식을 신화적인 것이라고 몰아세움으로써 종교에 근거한 도덕적 책임으로부터 자유로워진다. 뿐만 아니라 예절과 도덕으로 체계화된 문명의 규칙에도 반기를 드는데, 도덕적으로 금지되어 있는 것, 사람들이 공포 속에서 터부시하는 것들을 의도적으로 행함으로써 줄리엣은 문명 전체를 조롱한다.

엽기적인 그녀

줄리엣의 행동은 문명으로부터 터부시된 여러 금기들을 정확히 알고 행한다는 점에서 충분히 이성적이다. 그녀는 체계와 수미일관성, 합리적 사고로 문명의 터부들을 깨뜨려 나간다. 과학을 신조로 삼는 그녀는 그 합리성이 증명할 수 없는 어떤 경배도 경멸한다. 여기에는 무엇보다도 철저한 자기 훈육이 필요하다. 범죄자의 자기 훈육에 관한 다음과 같은 줄리엣의 연설을 보라.

우선 여러분의 계획을 미리 며칠 전에 충분히 숙고하며, 그 결과들을 곰곰이 생각해 보시오. 무엇이 소용될 수 있는지, 무엇이 당신들을 배반할 수 있는지 각별히 주의해서 살펴보시오. …… 당신들의 모습이 침착하고 덤덤하게 보이도록 하시오. 이런 처지에서는 가능한 한 최고로 냉정하도록 노력하시오. 당신들은 양심의 가책에 시달리지 않을 자신이 있어야 하는데, 범죄의 습성상 그렇게 될 수 있는 것이지만, 이에 대한 자신이 없다면 여러분의 얼굴 표정을 아무리 잘 관리해도 소용이 없을 것이오. (사드, 『줄리엣의 역사』)

줄리엣이 요구하는 자기 훈육의 방식은 철저히 이성적이다. 그녀는 '범죄'라는 문명의 터부, 혹은 비도덕적 행위를 철저히 이성적으로 계획하고, 숙고하고, 판단하라고 가르친다. 이때 '냉정'과 '양심의 가책에 시달리지 않을 자신'은 죄의식으로부터 자유로워지는 길이자, 범죄자가 자기를 유지하는 비결이 된다.

이러한 줄리엣의 '도덕'은 형식논리상으로는 칸트가 말한 계몽의 '덕'을 철저히 따른 것이다. 칸트는 인간의 모든 능력이나 그것의 표현을 이성의 지배, 즉 자기 통제하에 놓아야 한다고 말했다. 그 속에서 감정의 지배를 받지 않는 '초연한 무감동의 의무'인 '덕'이 탄생한다. 줄리엣은 칸트가 말한 '초연한 무감동의 의무'를 자기 식으로 실천한다. 그녀는 범죄를 저지르기 위해서는 감정의 여러 경향들 특히 양심의 가책 따위로부터 벗어나 철저하게 합리적으로 판단할 수 있는 이성의 통제에 따라 행동해야 한다고 말한다. 이 속에는 어떤 자기 반성도 개입될 수 없다.

칸트가 말했던 도덕법칙과 '이성의 사실'은 자아의 내부에 있는 '심리적인 자연 사실'로 되었고, 줄리엣은 이를 비도덕적인 행위를 정당화하기 위한 명분으로 활용한다. 그녀는 칸트의 학문적 체계를 따르지만, 그것은 '심리적인 자연 사실'로서의 이성과는 거리가 먼, 계몽 이성의 도구적 계산능력을 대입한 것에 불과하다.

칸트의 도덕에 대해 조금 더 얘기해 보자. 그는 힘이 약한 아이를 보호해야 한다는 도덕적 당위와 힘이 약한 아이를 괴롭히면 벌을 받는다는 법 사이의 거리가 그렇게 먼 것은 아니라고 말했다. "너는 언제나 네 의지의 준칙이 보편적인 입법원리로서 타당하게 행동하라"는 말은 보편적인 법형식을 취한 규칙을 선악의 잣대로 삼으라는 말이고, 실질적으로 법이 정한 바를 선이라고 생각하라는 뜻이다. 도덕에 있어서 법형식의 존중이라는 문제가 이때 제기된다. 그는 선과 법의 발생 순서를 전도시켰던 것이다.

여기서 '양심의 가책'이나 '죄의식' 또한 '법'에 의해 자기 존재를 확인하게 되는 전도가 발생한다. 이제 법은 선에 근거를 둠으로써 그 존재 가치를 인정받는 것이 아니라, 그 자체의 형식에 의해서만 타당성을 갖게 된다. 사람들은 이제 선한 사람이 되기 위해 법을 지키는 것이 아니라 죄의식에서 벗어나기 위해 법에 복종한다. 법의 존재 자체가 죄의식을 양산하는 것이다. "지금 내가 이것을 지키지 않으면 나쁜 놈이 되는 거야"라는 판단, 순간적으로 법을 어겼을 때의 상황이나 양심의 가책을 떠올림으로써 법을 지키게 되는 것. 그리고 그러한 죄의식과 가책은 법에 엄격하게 복종할수록 더욱 커진다. 이것이 법이 자신을 표현하고 우리의 죄를 증명해 가는 과정이다.

줄리엣이라면 이렇게 말했을 것이다. "내가 행하지도 않은 일에

어떤 시대에는 죄인들을 구경거리로 전시하기도 했다. 죄인들이 경험하는 치욕의 감정과 구경꾼들이 느끼는 죄에 대한 경계심은 범죄에 대한 처벌과 예방이라는 이중의 효과를 갖는다. 범죄자와 구경꾼 모두 이러한 경험을 통해 죄의식을 내면화하고 법의 권위를 승인하게 된다.

미리 죄의식을 가져야 하다니. 그건 뭔가 잘못된 것임에 틀림없다. 그런 법은 지킬 필요가 없어."

  그렇다면 대체, 법을 지키지 않거나 비도덕적인 일을 했을 때 우리가 느끼는 '양심의 가책'은 어디서 온 것일까. 자신의 본능에 따르는 것, 혹은 이성의 판단을 거치지 않는 것은 모두 나쁜 것일까. 프로이트는 본능의 충족을 포기하는 것이 양심의 산물이 아니라 반대로 그것을 포기하는 것에서 양심이 탄생한다고 말했다. 즉 우리가 양심에 따라 본능적인 행동을 포기하게 되는 것이 아니라, 본능의 충족을 포기함으로써 그것을 가능케 하는 논리로 '양심'이 만들어진다는 것이다.

우리는 "남의 것을 빼앗으면 안 돼"라고 하는 것을 아주 어렸을 때부터 교육받아 왔다. 사실, 그것은 그 자체로는 올바른 말이다. 하지만 그것이 이미 너무 많은 것을 가진 자들(본질적으로는 다른 사람의 노동을 착취함으로써 자신의 부를 유지하는 자본가들)을 보호하기 위해 쓰여진다거나, 그 질서를 안전하게 유지하기 위한 근거로 활용되고 있는 것 또한 사실이다. '양심'이 만들어지는 것은 그러한 것을 법적으로 체계화시키는 과정 속에서다. '양심'은 법과 교육이라는 근대적 제도를 통해, 제도에 순종하는 신체를 위해 만들어진 '감정'인 셈이다.

법은 억압된 욕망이다. 쥐스틴은 죄를 저지름으로써 자신의 마음속에 있는 즐거움이 소멸할지도 모른다는 불안감에 시달린다. 그녀는 죄를 짓지 않지만, 끊임없이 양심의 가책을 느끼며 죄의식에 사로잡힌다. 하지만 실제로 범죄를 저지르는 줄리엣은 법을 지켜야 한다는 도덕적 의무감으로부터 자유롭기 때문에 가책에 시달리지도, 죄의식에 강제되지도 않은 채 범죄를 저지른다. 사드는 줄리엣의 경우를 통해, 범죄나 악덕은 법적 장치가 없어서 생겨나는 것이 아니라고 말한다. 그는 오히려, 너무 많은 법적 조항들이 사람들을 죄인으로 만드는 것이 문제라고 생각한다. 결국 그가 말하고 싶었던 것은 양심이나 죄의식 등이 법과 만나서 어떤 효과를 발휘하는가이다. "폭군은 무정부 상황에서 나타나는 것이 아니에요. 오히려 법의 그 늘하에서 번성하고 법에서 그 권위를 이끌어내죠"라고 말했던 것도 이런 맥락에서다. 그는 줄리엣의 경우를 통해 이것을 조금 충격적이 고 극단적인 방식으로 보여주고 있을 따름이다.

　계몽은 친절하다. 무엇이 선인지, 나의 행동이 선한 것인지 아닌 지를 스스로 판단해야 하는 수고를 덜어준다. "자, 여기 법이 있어요. 법대로만 하세요. 그게 선한 겁니다"라고 하면서. 그 순간 법은 더이 상 '선'(도덕)에 의존하는 것이 아니라 선 자체가 법에 의존하게 된 다. 법이라는 이성적 체계가 도덕이라는 실천행위를 선행하는 전도 가 여기서 발생한다. 이때 '자유'란 의무에 따라 사는 것과 동일한 것이 된다. 개개인이 갖는 욕망이나 의지는 '보편적 입법원리'가 될 수 있는 한에서만 받아들여지고 그렇지 않은 것은 모두 '시민적' 자 율성을 위해 억제되어야만 한다.

　'상호존중의 의무'와 '법형식의 존중' 즉 이성의 덕에 의해 도 덕적인 삶이 가능할 것이라고 믿었던 칸트의 견해는 아도르노와 호 르크하이머에게는 너무 낙관적인 것이었다. 그들이 보기에 "비열한 행위가 만연하는 것이 현실인데도 도덕적 행위는 이성적이라는 칸 트적 낙관수의의 뿌리는 사실은 야만 상태에 떨어지는 것에 대한 두 려움"에 지나지 않는 것이었다.

강한 것은 아름답다

자연은 결코 강자에 대한 약자의 보복행위를 지시하지 않았습니다. 그러한 보복행위는 머릿속에서는 가능한지 몰라도 육체의 영역에서는 불가능합니다. 그런 보복행위를 하려면 약자는 그가 소유하고 있지 않은 힘을 사용해야 합니다. 그는 그가 타고나지 않은 성격을 후천적으로 획득해야 하는 것입니다. 그것은 어쨌든 자연을 거역하는 것이지요. …… 그는(강자는) 다만 그가 자연으로부터 받은 것만을 표현하지요. 그래서 그로부터 나오는 모든 결과는 자연스럽지요. 그의 가해, 폭력, 잔인성, 횡포, 부당성은 자연이 그에게 부여한 손만큼이나 순수하지요. …… 그러므로 우리는 약자로부터 강탈한 것에 대해 어떤 양심의 가책도 느낄 필요가 없습니다. 왜냐하면 그런 행동에 있어서 범죄는 우리의 것이 아니기 때문입니다. 범죄는 오히려 약자의 방어와 복수지요. (사드, 『줄리엣의 역사』)

앞에서 본 범죄자의 자기 훈육에 대한 줄리엣의 연설과 위의 파리 갱단 두목 도르발의 훈시는 연속선상에 있다. 그는 '힘'에 의한 자연계의 법칙을 범죄의 정당성에 대입한다. '가해, 폭력, 잔인성, 횡포, 부당성'은 자연의 순수함으로 연결되고, 그것은 순수하기 때문에 정당한 것이 된다. 때문에 강한 것은 약한 것에 대해 '양심의 가책'을 느낄 필요가 없다. 오히려 자연스러운 힘의 작용을 거부하는 약자들의 방어와 복수가 문제적이다. 이러한 도르발의 설명은 줄리엣을 새로운 이념으로 무장시키기에 충분하다. 도덕과 법형식은 약자에 대한 보호장치일 뿐이고, 힘의 소유만이 자기 유지의 비결이 된다. 약자에 대한 지배와 불의를 정당화하는 줄리엣 서클의 힘의 논리는 파시즘의 그것과 멀리 있는 것이 아니다.

독일의 파시즘은 줄리엣이 도르발의 훈시에서 자기 정당성을 찾았던 것처럼 니체로부터 강자가 지니는 힘의 윤리학을 찾았다. 그러나 니체에게 있어서 강자란 자신이 갖고 있는 물리적인 힘으로 타인을 억압하고 지배하는 파시스트가 아니다. 니체에게 있어 고귀한 자, 강한 자 그리고 귀족, 주인 등의 '강자'는 자기 자신에 대한 긍정적 긍지를 가진 자, 자기 자신의 행동에 스스로 가치를 부여하는 자이다.

그들은 자신의 사회적인 힘과 위계를 긍정하며, 이것을 다른 차이를 만들어내는 기반으로 사용한다. 내가 남과 다르다는 것이 이들에게는 비난의 대상이 아니라 긍정의 대상이 되며, 이들은 오히려 더 많은 차이를 만들어내기 위해 노력한다. 차이의 생성을 위한 이러한 노력은 다른 사람과의 관계에서뿐만 아니라 자기 자신과의 관계에서도 마찬가지이다. '어제의 나'와 '오늘의 나'가 다르도록 노력하는 것. 이 때문에 거리에 대한 열정에는 자기 극복의 원리도 내재해 있다. (고병권, 『니체, 천 개의 눈 천 개의 길』)

사파티스타군의 부사령관 마르코스

진정으로 강한 자는 어떤 자인가. 인간의 존엄을 위해, 오직 말(言)을
무기 삼아 싸우는 멕시코 사파티스타 민족해방군에게 권력은 목적이
아니다. 그들은 세상의 모든 불의를 향해 이렇게 외친다. 'Ya, Basta!
그만 좀, 해!'

　　물론 강한 자가 곧 선한 자는 아니다. 선한 자는 "억압하지 않는
자, 공격하지 않는 자, 보복하지 않고 그것을 신에게 맡기는 자, 자신
을 숨기는 자, 인내심이 강하며 겸손한 자"이다. 니체 식으로 강자와
약자를 분류할 때, 쥐스틴은 약한 자, 줄리엣은 강한 자일 뿐이다. 여
기에 선악의 개념은 개입되지 않는다.

　　니체는 "강자(귀족적 인간)는 '좋은' 〔優〕이라는 기본 개념을 우
선 자기 자신에게서 자발적으로 생각해내어 거기서 비로소 스스로

를 위하여 '나쁜' (劣)이라는 관념을 만들어낸다"고 말한다. 강자가 말하는 '나쁜 것' (劣, bad)과 우리가 통상 인식하고 있는(니체 식으로 말하자면, 원한의 도덕에서) '나쁜 것' (惡, evil)은 대단히 다른 것이다. 그는 이렇게 말한다.

저 '좋은 사람들' (강한 자—필자)을 단지 적으로서만 보는 자(약한 자—필자)는 동시에 그들을 오직 나쁜 악, 적으로서만 알게 되었다는 것이다. 그리하여 관습, 존경, 습관, 감사에 의해서, 심지어는 상호 의심과 질시에 의해서 동등자 사이에 엄격하게 구속된 바로 저 사람들(약한 자—필자), 한편으로는 상호간의 관계에 있어서 고려, 자제, 온정, 성실, 긍지, 우정이 매우 풍부한 사람들이 일단 외부로 향하게 되면, 즉 자기들과는 색다른 것, 이방(異邦)에 접하게 되면, 풀어놓은 맹수와 그리 다를 바 없다. 그들은 거기서 모든 사회적 구속으로부터의 자유를 향유한다. 그들은 사회의 평화 속에 오랫동안 감금, 폐쇄되어 왔기 때문에 야기된 긴장을 황야에서 풀어 버린다. 그들은 아마도 소름끼치는 일련의 살육, 방화, 능욕, 고문 등에서 태연자약하며 의기양양하게 개선하는 승리감에 도취된 괴물처럼 맹수의 순진한 양심으로 돌아간다. (니체, 『도덕의 계보』)

그러므로 파시스트의 성향을 가진 사람은 '강한 자'가 아니라, 법의 제도 속에서 보호받는 선량한 다수의 '약한 자'들이다. 그런 의

슈퍼맨, 약자들의 상상력. 약자들은 자신의 원한을 오직 상상 속에서만
복수한다. 혹은 자신의 원한을 타인에게 의탁한다. 약자들은 스스로의 의
지로 자신을 긍정하고 자신을 지키는 도덕의 힘을 만들어내지 못한다.

미에서 파시즘은 대중들에게 일방적으로 주입된 것이 아니라, 억압
받은 대중들의 지지 속에서 만들어진 것이라고 말할 수 있다. '약한
자'들은 스스로의 의지로 자신을 긍정하고 자신을 지키는 도덕의 힘
을 만들어내지 못한다. 때문에 '자기들과 색다른 것'을 접했을 때 맹
수와 같은 야만성으로 그 색다른 것을 공격한다. 이러한 약한 자의
특성은 자기와 동질적이지 않은 것에 대해 배타적 폭력성을 내비치

는 계몽의 성격 그 자체 속에 이미 포함되어 있다. 아무도 파시스트에게 지배의 권력을 부여하지 않았다. 지배의 권력을 가진 자가 모두 강한 자는 아니다. 파시즘은 '노예'의 사상, 약자의 도덕이다.

파시즘은 니체가 말했던 '강한 자'를 통상적인 의미에서의 '선한 자'와 등치시킨다. 독일 파시즘이 제안했던 '강자 숭배'에서의 '강자'는 물리적인 힘이나 정치적 지배력을 갖춘 게르만족 총통을 겨냥한 것일 뿐, 니체가 말했던 자신을 긍정하고 차이 속에서 새로움을 생성하는 힘을 가진 자는 아니다. 이러한 강자가 갖는 '주인의 도덕' 또한 타인을 힘으로 지배하는 자의 도덕은 아니다. 니체는 오히려 타인을 완력으로 지배하거나 폭력적으로 제압하는 자로부터 '노예의 도덕'을, 강한 것에 대한 '원한 감정'을 읽어냈던 것이다.

신성모독은 우상 숭배다

죽은 신이여! 가톨릭 사전에 나오는 이 연관성 없는 언어 꾸러미보다 더 우스꽝스러운 것이 이 세상에 있을까요? 신은 영원하고 죽음은 유한하다고 합니다. 천치 같은 기독교인들이여, 당신들은 죽은 신으로 무얼 하려는 것입니까? (사드, 『줄리엣의 역사』)

이성적 존재에게 '신'은 판단 불가능의 영역이다. 인간은 신의 존재를 긍정하거나 부정할 수는 있어도 그 실체를 확인하거나 판단할 수는 없다. 신의 존재를 긍정한다면 그것은 이성의 체계를 따르지 않는 것, 이성과 반대되는 감정의 지배에 놓이게 된다는 것을 의미한다. 따라서 '이성의 덕'을 실천하는 줄리엣에게 있어 신은 '죽은 것' 혹은 '없는 것'으로 이해된다. 계몽된 이성의 관점에서는 모든 종교에서 공유하는 하나의 원칙인 '창조자에 대한 숭배'는 계몽 이전의 신화에서 발견되는 '신들에게 바치는 경배'에 다름 아니다. 줄리엣은 종교를 신화 혹은 야만의 영역으로 추방한다.

신의 존재를 부인함으로써, 줄리엣은 자유를 얻는다. 철저히 형식적인 이성에 따라 행동하는 줄리엣에게는 자기 행동에 대한 어떤 감정도 따라다니지 않는다. 줄리엣에게 있어 후회는 지나간 과거를 현재화시키는 것, 그것으로 인해 현실을 능동적으로 살 수 없도록 하는 것 이외에 아무 것도 아니다. 줄리엣은 말한다. "후회는 퇴보다." 하지만 후회를 모르는 이성은 반성 또한 모른다.

반면, 쥐스틴이 갖고 있는 겸손한 태도와 자기 행위에 대한 끊임없는 후회는 매번 그녀로 하여금 당하는 자의 위치에 놓이게 한다. 그녀는 이성에 의해 사고하지 않고, 지배적인 질서와 그것을 만들어낸 체계에 복종함으로써 자기를 지키고자 하지만, 끝내 불운으로부터 헤어나오지 못한다. "공포에 인도되거나 악을 피하기 위해 선을 행하는 자는 이성에 의해 인도되지 않는다"는 스피노자의 말을 염두에 둔다면, 쥐스틴은 이성의 인도를 받을 수 없었기 때문에 종교적 신앙과 미덕을 지킨다는 자부심을 제외하면, 삶에서 어떤 것도 가질

윌리엄 호가스, 「어느 자유사상가의 진보」, 1755년

화려한 방 안에서 질펀하게 놀고 있는 사상가. 계몽된 이성의 소유자인 그는 오직 지금 이 순간을 즐길 뿐이다. 그의 좌우명, "후회는 퇴보다". 철저히 합리적으로 사고하고 행동하는 그에게는 자기 행동에 대한 어떤 감정도 따라다니지 않는다. 그에게 있어 후회란 현실을 능동적으로 살 수 없도록 하는 것 이외에 아무 것도 아니다. 하지만 후회를 모르는 이성은 반성 또한 모른다.

수 없었던 것이다.

　줄리엣은 종교와 묶여 있는 모든 선한 감정들, 사랑, 동정, 연민, 정직함과도 결별한다. 줄리엣이 보기에 동정과 연민은 인간의 정신을 나약하게 만드는 불필요한 감정일 뿐이며, 사랑 속에서 나타나는 타인에 대한 숭배는 계몽된 이성에게는 어울리지 않는 신화적인 태도에 불과한 것이다. 그러므로 줄리엣이 선택할 수 있는 길은 정해져 있다. 그것은 다름 아닌 후회없는 향락의 길이다.

부자가 되는 것, 그것이 중요해. 우리가 이 목표를 놓칠 경우 그 책임은 전적으로 우리에게 있어. 부자가 되는 탄탄대로를 제대로 달린 다음에야 우리는 스스로에게 즐김이라는 수확을 허락할 수 있는 거야. 그때까지는 그것을 잊어야만 해. (사드, 『줄리엣의 역사』)

그러나 향락에도 대가가 요구된다. 줄리엣의 친구인 스브리가니의 말처럼 '부자가 되는 것'이 중요하다. 향락은 소비이며, 소비에 필요한 화폐의 양만큼만 향락은 제공된다. 그러므로 향락을 극대화시키기 위해서는 우선 부자가 되어야 한다. 그 명확한 목적을 달성할 때까지 향락의 순간은 계속 지연된다. 일반적인 경우라면 돈은 노동의 대가로 지불된다. 그리고 그것이 노동인 한, 언제나 체계의 안에서 작동한다. 하지만 법과 도덕의 체계를 조롱하는 줄리엣과 그 친구들은 살인, 강도, 매음 등의 범죄행위를 통해 부를 축적하고자 한다. 철저하게 이성적으로 계획하고 실천하면서.

인간은 향락 속에서만 이성적 사유에서 벗어나 모든 문명의 관계로부터 탈출할 수 있다. 그러나 이러한 향락은 다른 무엇에 자신을 바치는 것이라는 점에서 언제나 '우상 숭배적'이다. 문명으로부터 소외된 인간은 오로지 향락을 통해 이성적인 것들을 벗어버리고 억압된 본능적인 욕망을 표출시킬 수 있다는 점에서, 향락은 자연을 향한 동경과 욕망이 되는 것이다. 오직 문명화된 세계에서만 이러한 전도된 우상 숭배의 역설적인 계기로서 향락이 존재한다. 자연은 스스로의 욕구를 채우는 것 이상으로는 나아가지 않기 때문에 향락을 모른다. 줄리엣은 우상 숭배적이라는 이유로 사랑을 거부하고 향락의 세계로 나아가지만, 그 속에서 다시 우상 숭배의 태도를 취하게 되는 딜레마에 빠진다.

확실히 향락은 공적인 사회활동과 사적 생활이라는 이중의 압력으로부터 벗어나고 싶은 근대인의 욕망 속에서 태어난 것이다. 사회가 만들어낸 거대한 체계 속에서 사람들은 각각 특정한 공간에 배치되어, 계획적으로 분할된 시간표의 '명령'에 따라 사무원으로, 학생으로, 노동자로, 그리고 한 가정의 구성원으로 매일매일 동일한 삶을 '반복해서' 산다. 사람들은 "노동의 강압과 특정한 사회기능의 속박, 그리고 궁극적으로는 자아에의 속박으로부터" 벗어나기 위해 향락에 끌린다.

향락의 긍정적인 측면인 축제가 자본과 지배의 의도 아래 오락, 유흥산업, 휴가제도 속으로 포섭된다면, 사적인 영역에서의 향락은 이미 그 자체로 사랑의 몰락이고, 가정의 파괴이다. 가부장적 질서 속에서 강하게 뿌리내리고 있던 가정이라는 제도는 경제적 토대의 변화와 함께 몰락한다. 노동하지 않는 인간을 배제하는 계몽의 체계에 편입되기 위해서는 누구나 성실한 노동자가 되어야 한다. 이제 일자리를 잃은 가부상의 권위가 몰락하면서 가정은 파괴되고, 낭만적 사랑과 정열은 시대착오적인 것으로 전락한다.

『소돔 120일』을 보자. 사드는 여기서 낭만적 사랑의 환상성을 조롱하는 한편, 철저히 형식화된 이성에 의해 향락을 기획하고 실천하는 자들의 모습을 통해 그 이성의 체계가 결국 무엇에 봉사하고 있는가를 보여준다. 소설 속에서 네 명의 지배자가 공동으로 관리하는 '방탕 학교'는 외부와의 접촉을 일체 끊어버린 채 오로지 자체적으로 만들어낸 규칙만으로 운영된다. 성 안에 마련된 모든 공간이 향락을 위해서 제공되고, 그 중에서도 예배실은 철저히 배설의 공간으로만 활용된다. 이곳에서의 규칙은 '향락' 그 자체를 가장 밀도 높게 즐기기 위해 고안된 것들이지만, 그것은 사실 뒤집어진 근대적 법체계와 생활윤리를 그대로 따라서 실천하는 것에 불과하다. 그들은 촘촘히 짜여진 시간표에 맞춰서 규칙적으로 생활하고, 그것을 어겼을 경우 처벌받는다.

우리의 쾌락만을 위해 바쳐진 연약하고 속박된 인간들이여, …… 노예 이상으로 복종해야 할 것이며, 굴욕 외에는 아무 것도 기대해선 아니 되오. 여러분들에게 충고해 줄 수 있는 유일한 미덕이란 순종하는 것이오. …… 시간엄수와 복종 그리고 전적인 희생을 부탁드리오. 우리의 욕망이 당신들의 유일한 법이 되어야 하오. 하지만 그렇게 한다고 해서 당신들에게 득이 되는 것은 절대 아니오. 단지 순종하지 않으면 많은 것을 잃게 될 것이기 때문이오. …… 항상 전율하고, 짐작하고, 순종하고, 예견하시오. 그렇게 할 때 당신들은 행복하지는 못하더라도 불행하지는 않을 것이오. (사드, 『소돔 120일』)

밀실 공간 속에서 여성의 육체는 잔혹하게 다루어진다. 책상 앞에
앉아 당당하게 잔혹 행위를 구경하는 남자들, 그들은 생각한다.
"여자란, 우리의 욕구충족을 위해 만들어진 대상일 뿐이다."

여기서 '연약하고 속박된 인간들'은 '여자'들이다. 여자를 지배
받는 자로 대상화하는 것, 이것은 사랑과 정열이라는 감정 속에서 여
성을 숭고한 무엇으로 높이는 태도와 직접적으로 대립된다. 사랑은
미지인 것에 대한 경외의 감성이자 편견에 불과한 것으로 취급된다.
그러므로 계몽된 이성을 가진 존재가 사랑이라는 미개한 감정에 빠
질 수는 없는 노릇이다.

이성의 지식이 자연에 대한 공포를 극복하고 그것을 지배의 대상으로 인식했던 것과 마찬가지로, 사랑의 감정을 기계적으로 분석하고 통찰하는 과정 속에서 숭배의 대상이었던 '여자'는 억압과 지배의 대상으로 전락한다. 여성은 약자라는 낙인이 찍히며, 약자라는 이유로 말미암아, 수적으로 남성을 압도하는 곳에서조차, 소수파가 된다. 통치자로서의 남성은 하나의 고유한 인격이 되고자 하는 여성의 명예심을 거부한다. 블랑지르 공작이 말하는 것처럼, 이제 여자들에 요구되는 유일한 미덕은 '순종하는 것' 뿐이다.

통치자들의 쾌락을 위해 노예와 같은 존재로 전락하는 것은 비단 여자만이 아니다. "초기 국가에서의 복속당한 토착민들, 정복자에 비해 조직이나 무기에서 뒤떨어진 식민지의 원주민들, 아리아인들 밑에서 억압을 당한 유대인들" 등은 모두 방어능력이 부족하다는 이유만으로 억압의 대상이 된다. 그들에게 요구되는 것은 '복종'과 '전적인 희생', 그리고 그 속에서 통치자들의 욕망만이 유일한 '법'이 된다. 그들은 말한다. "그렇게 한다고 해서 당신들에게 득이 되는 것은 절대 아니오. 하지만 순종하지 않으면 많은 것을 잃게 될 것이오." 누군가의 행복 혹은 향락은 또 다른 누군가의 희생에 의해서만 가능하다는 이 잔혹한 계몽의 법칙!

5장
계몽, 문화라는 옷을 입다

앤디 워홀, '엘비스', 1963년

워홀은 누구보다도 예민하게 대중문화가 소비문화라는 것을 알아차렸다. 그 점에서 워홀은 천재다. 엘비스의 손에 든 총구는 정확하게 우리의 소비욕구를 겨냥하고 있다. 언젠가 워홀이 말했다. "도쿄에서 가장 아름다운 것은 맥도날드이다. 스톡홀름에서 가장 아름다운 것은 맥도날드이다. 피렌체에서 가장 아름다운 것은 맥도날드이다. 베이징과 레닌그라드에는 아직 아름다운 것이 없다." 워홀이 틀렸다. 이제 베이징과 레닌그라드에도 맥도날드의 '쌍무지개'는 24시간 번쩍인다. 문화산업의 시스템은 국가와 인종과 성을 가로지르며 종횡무진 활약한다. 당신이 잠든 사이에도.

1. 모두를 위한 기성복, 문화산업

문화란 무엇인가? 민족문화, 대학문화, 인터넷문화, 성(性)문화, 음식문화, 혹은 문화 수준이 높다, 낮다 등등. 우리의 일상 생활 속에서 심심찮게 사용되는 문화라는 단어. 하지만 이 용어를 매끈하게 정의하기란 쉬운 일이 아니다. 레이몬드 윌리엄즈(R. Williams)가 '문화'(culture)를 영어에서 가장 난해한 단어 가운데 하나라고 한 것은 절대로 엄살이 아니다. 그만큼 사용하는 용도와 범위가 다양하기 때문이다.

윌리엄즈는 이 단어를 크게 세 가지 측면으로 나누어서 설명하고 있는데, 우선 그는 문화를 '지적 · 정신적 · 심미적인 계발의 일반적 과정'으로 본다. 여기에는 주로 위대한 철학이나 우리가 일반적으로 고급문화 혹은 순수예술이라고 부르는 것들이 포함된다. 두번째로 문화는 '한 인간이나 시대 또는 집단의 특정 생활방식'으로 정의된다. 이때 특성 생활방식이란 일상적인 생활과는 다른 휴가나 축제, 젊은이들의 하위문화처럼 특별한 활동을 요구하는 생활방식을 말한다. 문화에 대한 세번째 정의는 그것을 '지적인 작품, 실천 행위,

특히 예술적인 활동을 일컫는 용어'로 파악하는 것이다. 문화를 일종의 장르 개념으로 사용하는 것인데, 시, 소설, 발레, 오페라, 순수 미술 등이 여기에 포함된다. 하지만 이러한 것들은 대개 일정한 교양과 경제적 능력을 갖춘 사람들에게는 익숙하지만, 일반인들에게는 조금 고급스럽게 느껴지거나 접하기 어려운 것들이다. 이런 문화를 우리는 이른바 '고급문화'라고 표현하기도 한다.

그러면 교육 수준, 경제적 능력 등에 관계없이 누구나 다 쉽게 접하고 누릴 수 있는 문화는 없을까? 있다. 우리가 영화를 보러 갈 때 '문화생활 하러 간다'고 하는 것처럼, 우리 가까이에 있는 문화도 있다. 그런 문화를 일명 '대중문화'라고 한다. 대중문화는 '많은 사람들이 폭넓게 접할 수 있는 문화'로 주로 매체들을 통해 대중에게 공급된다. 하나 기억해 두어야 할 것은 이런 '대중' 문화는 각종 매체를 낳은 과학기술력의 발전과 많은 사람들이 똑같은 문화상품을 즐기게 할 수 있는 대량생산 체제의 확립이 아니었으면 출현할 수 없었다는 사실이다.

아도르노와 호르크하이머는 이렇게 대량생산 체제가 만들어낸 상품으로서의 문화를 '문화산업'이라 불렀다. 아도르노는 '문화산업'이라는 용어와 관련해서 다음과 같이 말한 바 있다.

우리는 초고에서 '대중문화'에 대해 이야기했다. 우리는 이 표현을 '문화산업'이라는 말로 대체했는데, 대중문화를 옹호하는 사람들의 입맛에 맞는 해석을 처음부터 배제하기 위해서였다. 즉, 그것은 대중 자신들로부터 자발적으로 생겨난 문화라거나 민중 예술의 오늘날의 형태라는 식의 해석을 배제하고 싶었던 것이다. 문화산업은 이러한 해석들과 철저히 구분되어야 한다. (마틴 제이, 『아도르노』)

아도르노와 호르크하이머는 '문화산업'이라는 용어를 통해 대중문화가 갖는 상품으로서의 성격과 그것을 소비하는 대중들의 수동적인 위치를 지적한다. 그들은 대중들이 자발적으로 생산하고 소비하는 문화의 가능성은 문화산업의 시스템 속에서는 만들어지기 어렵다고 보았다. 문화산업에 의해 만들어지는 문화는 진정한 문화와는 다른 비자발적이고 사물화된 가짜 문화이며, 이러한 문화를 소비하는 계층은 역사의식과 계급의식이 결여된 익명의 대중이다. 때문에 그들은 '대중적' 문화라는 관념 자체가 이데올로기적이라고 주장한다. 그리고 이러한 문화산업은 그것이 만들어내는 가시적인 효과나 기술적인 측면들을 작품 자체보다 더 높이 평가하고자 하는 속성을 지닌다.

가치의 유일한 척도는 얼마나 이목을 끄는가 또는 얼마나 포장을 잘 하는가에 달려 있다. 문화산업의 상이한 예산 배분에 의해 만들어진 가치의 편차는 생산물의 실제적 가치나 의미와는 아무런 관계가 없다. (『계몽』, p. 188)

톰 웨슬만, 〈거대한 미국의 누드 No. 27〉, 1962년.

'살찐 소파' 위에 비스듬히 누워 있는 누드에는 얼굴이 없다. 얼굴 없는 익명의 대중. 그에게는 소비하는 데 필요한 입만 있으면 된다. 그림 하단에 늘어선 파르페, 아이스크림, 쉐이크 등의 선명함이 도드라진다. 문화산업은 그것이 만들어내는 가시적인 효과나 기술적인 측면들을 작품 자체보다 더 높이 평가하고자 하는 성격을 지닌다. 가치의 척도는 얼마나 이목을 끄는가 또는 얼마나 포장을 잘 하는가에 달려 있다.

아도르노와 호르크하이머가 문화산업에 대한 일련의 글들을 작성한 것은 2차 대전이 끝나갈 무렵의 미국에서였다. 파시즘의 직접적인 폭력으로부터 벗어나 있는 망명지에서 그들은 오히려 파시즘의 본질에 대해 더 확연하고 냉정하게 판단할 수 있었다. 그들이 미국에서 본 것은 직접적이고 물리적인 폭력이나 현실 정치의 외피를

두른 집단의 광기가 아니라, 너무나도 평범하고 결코 위협적이지 않으며 때로는 즐거움을 주기까지 하는 '대중문화'와 그것을 차별 없이 누리는 대중들의 '일상'이었다. 그들은 그 속에서 촘촘하게 작동하고 있는 무한한 증식력을 가진 자본의 힘과 동질화의 논리를 보았고, 경악했다. 그러므로 "오늘날의 문화는 모든 것을 동질화시킨다"는 그들의 선언은 문화의 배후를 구성하는, 계몽의 극단적 결과인 파시즘의 근본적 성격과 연결되는 것이다.

아도르노와 호르크하이머에게 있어서 문화산업은 '대중기만으로서의 계몽'이었다. 그들은 문화산업에 관한 논의를 통해 '문화'가 어떻게 대중을 기만하는 '문화산업'으로 탈바꿈하는지, 또 어떤 과정을 통해 파시즘의 이데올로기로 활용되는지를 말하고자 한다.

동화 한 토막. "옛날에 희소성(稀少性) 속에 한 남자가 있었다. 경제학을 통해서 많은 모험과 오랜 여행을 한 끝에 그는 풍부한 사회라는 여자를 만났다. 그들은 결혼하여 많은 욕구를 낳았다." 보드리야르가 『소비사회』에서 소비의 시대에 걸맞는 '경제적 인간'(homo economicus)을 설명하기 위해 만들어낸 이 우화 속의 남자는 아도르노와 호르크하이머가 말한 '문화산업' 시대의 소비자와 닮아 있다. 그들이라면 아마, 이렇게 말했을 것이다. "소비가 풍부한 사회에 계몽이라는 남자가 있었다. 대중매체를 통해서 많은 모험과 오랜 여행을 한 끝에 문화산업이라는 여자를 만났다. 그들은 결혼하여 파시즘이라는 이데올로기를 낳았다."

2. 장삿거리가 되지 않는 건 아무 것도 없다

찰리 채플린의 「모던 타임즈」에는 자본주의가 이윤의 창출을 위해 어떤 생산체계를 갖추고 있는가가 잘 드러나 있다. 철저한 분업, 거대한 콘베이어 벨트의 한 부분인 인간, 언제나 누구로든 대체 가능한 작업 공정, 점심시간마저도 자유로울 수 없는 생산체계 등.

이러한 생산체계는 문화를 상품으로 생산하는 문화산업에도 마찬가지로 적용된다. 최소한의 비용으로 최대의 이윤을 창출하기 위해서는 대량 생산, 대량 소비가 필수적이다. 다행스럽게도(?) 문화산업은 과학기술의 발전으로 잡지, 신문, 사진, 영화, 라디오, TV, 비디오 등 '문화'를 대량으로 복제, 보급할 수 있는 생산체계를 갖출 수 있었다.

하드웨어를 탄탄히 갖춘 문화산업은 소프트웨어의 개발에 나선다. 이전에는 사람들의 삶 속에서 자연스럽게 만들어지고 향유되던 놀이와 오락 등을 상품화한 문화산업은, 이제 자신의 상품 목록 속에 예술작품을 포함시키는 것도 주저하지 않는다.

문화의 생산주체, 자본가

흔히 우리는 문화산업의 생산주체는 각 문화 분야의 전문가들, 예를 들면 작곡가나 연출가, 예술가 등이라고 생각한다. 하지만 이들은 문화산업 체계에서 생산을 맡고 있는 하나의 분업 단위일 뿐, 문화산업의 궁극적인 생산주체는 바로 자본가다.

문화산업은 대량 생산과 효율성을 확보하기 위해 필연적으로 분업의 원칙에 의존한다. 예컨대 영화의 생산 과정은 시나리오 집필, 촬영, 녹음, 편집, 감독, 연기, 배급, 포스터 제작, 홍보 등 다양한 공정으로 나뉘어져 있고, 각각의 공정은 각 분야의 전문가들에 의해 분업적으로 이루어진다. 이때 각 과정에 참여하는 모든 예술적 혹은 생산적 노동자들은 모두 자본가에게 고용된 피고용인이다. 문화상품의 제작 과정에서 최종적인 결정권을 행사하는 자본가는 생산의 방향과 한계를 궁극적으로 결정짓고, 생산 과정에 참여하는 전문가 혹은 예술가를 언제든 A에서 B로 교체할 수 있다. 아무리 훌륭한 작품이라도 자본가의 마음에 들지 않으면 상품화될 수 없는 것이다.

문화상품을 생산하는 자본가는 더 많은 이윤 창출을 위해 소비자의 수를 늘리기 위한 모든 전략을 강구한다. 그들은 각종 매체를 동원해 대중의 취향을 만들어내며 광고를 통해 효과를 극대화한다. 그리고 이미 시장에서 성공을 거둔 요소를 되풀이해 사용함으로써 안정적인 대량 소비를 확보한다(그들이 어떻게 대량 소비를 확보하는

지는 조금 뒤에 자세히 살펴볼 것이다). 그들은 끊임없이 '참신한 아이디어'와 '신선한 무엇'을 찾지만, 아직 시험해 보지 않은 것은 이윤 창출에 위험부담이 있는 것으로 배제시킨다.

게다가 이윤을 창출한 대중문화의 주체는 자신의 수입을 공개함으로써 자신의 생산물이 얼마나 사회적으로 유용한가를 증명하려고 한다. 그들은 자신들이 만들어낸 상품을 소비자가 '요구하게 되는' 것이 아니라, 소비자가 욕구하는 것을 자신들이 만들어내는 거라고 말한다. 그들은 너무나 많은 곳에서 많은 사람들이 동일한 상품을 원하기 때문에 대량 생산체제를 갖출 수밖에 없었으며, 그래서 '규격품'이 만들어졌다고 한다. 소비자의 욕구를 반영해 만든 규격품이기 때문에 별다른 저항 없이 받아들여질 수 있다는 게 그들의 설명이다. 그러나 이러한 설명 뒤에는, 그러한 규격품을 만들어낼 수 있는 기술이야말로 자신이 가진 경제력으로 사회에 힘을 행사할 수 있는 자, 혹은 그것을 통제하고 결정할 수 있는 권력을 가진 자로부터 기인한다는 사실이 은폐되어 있다. '기술적인 합리성'이라고 하는 말은 '지배의 합리성'이라는 말과 다르지 않은 것이다.

누구도 소비로부터 자유롭지 못하게 하라

앞서 말한 아도르노와 호르크하이머의 "문화는 모든 것을 동질화시킨다"는 말을 다시 떠올려 보자. 문화산업은 동질성의 특징을 갖는

다. 영화, 라디오, 텔레비전, 신문, 잡지 등의 대중매체가 내세우는 '공익'이라는 명분 속에는 언제나 상업주의 이데올로기가 숨어 있다. 때문에 이들 대중매체는 각각 개별적 분야에서나 전체적으로나 획일화된 체계를 만들어낸다. 동질성의 체계에 묶이지 않는 것, 즉 자본주의적인 생산의 규칙이나 소비의 개념에 어긋나는 것들은 문화상품으로 적합하지 않은 것으로 제외된다.

문화산업의 생산자들, 자본가들, 그들과 연결되어 있는 권력자들은 대중들을 관리하고 포섭하고 문화산업의 소비자로 만들기 위해 대중들의 취향과 교양의 수준을 파악하고 목록화하고 분류한다. 이러한 작업이 문화를 규격화된 하나의 상품으로 활용할 수 있게 해주기 때문이다. 소비자의 나이, 성별, 경제력, 학벌, 취향 등등을 세밀하게 분류하고 목록화하는 작업 속에서 수요 혹은 소비 욕구가 만들어지는데, 예컨대 20대의 대졸 직장인인 내가 소비해야 할 문화상품들──헤어스타일부터 구두 모양까지, 보아야 할 TV 프로그램에서부터 들어야 할 음악까지──이 정해지는 것이다.

분류하고 목록화함으로써 문화를 상품화하고자 하는 문화산업의 조종과 이러한 조종의 부메랑 효과인 수요가 만드는 순환고리 속에서 체계의 통일성은 점점 더 촘촘해진다. 군대에 다녀오고 대학을 졸업한 후 전문식에 종사하는 30대 중산층 남자의 문화적 취향과, 상업학교를 나와 작은 업체에서 경리업무를 담당하는 20대 여자의 기호가 같을 수는 없다. 예를 들어 한 편의 영화를 볼 때에도 온갖 SF

적인 스펙터클이 난무하는 것이 전자의 선호를 받는다면, 가난하지만 착하고 아름다운 여자가 어려움을 딛고 일어서 성공한다는 스토리는 후자 쪽을 자극할 것이다.

영화의 소비자는 영화를 보면서 주인공의 운명에 자신의 운명을 투사한다. 현실에서는 일어날 수 없는, 그러나 끊임없이 욕망하며 상상으로라도 달성할 수 있기를 바라는 그것이 수요 혹은 소비욕구를 자극한다. 영화산업 종사자는 이러한 욕망의 내용들을 조사하고 정리해서 적합한 내용을 상품으로 만들어내며, 이 상품을 소비함으로써 소비자는 동일한 패턴의 상품을 지속적으로 요구하게 된다.

물론 한 편의 영화나 드라마, 혹은 잡지의 내용들에 차이가 없는 것은 아니지만, 그 차이는 본질적인 것이라기보다는 "소비자들을 분류하고 조직하고 장악하기 위한 것에 불과하다". 다음의 문구들을 보라. '이 잡지를 보는 주부만이 행복한 가정을 꾸밀 수 있다' '좋은 식단을 꾸미는 주부는 이 잡지를 본다' '이 잡지를 보아야만 교양 있는 주부가 될 수 있다' '이 잡지 안에는 주부들이 원하는 모든 것이 들어 있다'. 이것들은 모두 "어느 누구를 위해서나 무엇인가가 마련되어 있지만 그것은 그 누구도 그것으로부터 빠져나가지 못하게 하기 위한" 것에 불과하다. 단지 그것만을 위해 '차이'는 강조된다. 아무도 '소비할 수 있는 권리'로부터 자유롭지 못하다.

「오뜨」나 「노블레스」라는 잡지를 본 적이 있는가? 그렇다면 당신은 중산층 이상의 전문직 종사자일 확률이 높다. 소위 '명품' 들을

리처드 해밀턴, 1955~57년

게으르고 무능한 대중들을 위해 문화상품은 손만 뻗으면 닿을 만한 거리에
서 언제나 대기하고 있다. 그러나 비판적 안목을 상실한 대중들에게 제공
되는 상품은 언제나 최소한의 상식과 평범한 교양의 수준을 넘지 못한다.
누구나 그것을 소비할 권리가 있다. 그러나 그것의 생산과 질적인 가치를
조절하는 과정에는 개입할 수 없다.

선전하는 데 지면의 대부분을 할애하는 이런 잡지들은 주로 일류호

텔이나 위락시설에 가야 볼 수 있는 것들이다. 「○○여성」이나 「주부

○○」류의 잡지는 어떤가? 이런 잡지류는 은행이나 미장원에 가면

쉽게 접할 수 있는 것들로 대부분의 사람들에게 익숙한 것이다. 이외

에도 10대 후반의 여학생을 위한 잡지, 20대 초반의 여성을 위한 잡

지, 20대의 오피스 레이디를 위한 잡지 등, 이런저런 차이를 강조하

며 시장에 나와 있는 잡지는 그야말로 수를 헤아리기 힘들 정도다. 하지만 잡지들의 내용을 보면 어떤 패션을 다루는가, 어떤 연예인을 다루는가(강타 같은 가수를 「주부○○」류의 잡지에서 다루는 일은 거의 없다. 강타 어머니라면 모르겠지만)의 차이만 찾을 수 있다.

문화산업의 생산자들은 자기가 판매하는 상품의 소비자를 세심하게 파악한다. 취향, 경제적 능력, 사회적 지위 등을 구별하고 그것에 따라 적합한 상품을 제시한다. 때문에 "모든 사람은 미리 자신에게 주어진 수준에 걸맞게 '자발적으로' 행동하며 자기와 같은 유형을 겨냥해 제조된 대량 생산물을 고른다". 아무도 이 촘촘한 문화산업의 그물망으로부터 빠져나갈 수는 없다.

누구나 입기를 원하고, 입을 수 있으며, 입어야만 하는 옷. 그것이 바로 문화산업이다. 문화산업은 각종 매체를 통해 이 옷을 입으라고 권유하며, 심지어 입지 않는 사람을 대중에게 '낙오자'로 각인시킨다(이 지점에서 권유는 협박이 된다).

폭군은 육체를 자유롭게 놔두는 대신 곧바로 영혼을 공략한다. 지배자는 더이상 "너는 나처럼 생각하라, 그렇지 않으면 죽음을 당할 것이다"라고 말하지 않는다. 대신 그는 이렇게 말한다. "나처럼 생각하지 않는 것은 자유다. 너의 생명이든 재산이든 계속 네 것으로 남아 있을 것이다. 그렇지만 오늘 이후 너는 우리들 사이에서 이방인이 될 것이다." (알렉시스 드 토크빌, 『미국의 민주주의』)

오락과 휴식도 팔아야 한다

아도르노와 호르크하이머는 "문화산업은 다른 무엇보다도 유흥산업이다"라고 말한다. 사실 즐거움, 재미, 오락, 기분전환 등을 포괄하는 유흥(Amusement)은 문화산업이 존재하기 이전에도 존재했다. 하지만 이제 문화산업은 예술을 소비로 전환시키는 작업을 수행하면서 유흥을 세련화시키고 상품으로 만들어 간다. 문화산업은 예술과 오락의 화해 불가능한 요소를 자본주의 '체계' 내로 포섭하여 시장의 원리 속에 끌어들인다. 이제 문화산업은 오락을 즐기는 것이나 휴식을 취하는 것마저도 '소비'의 영역 안에서만 이루어지기를 바란다.

> 문화산업의 생산물은 여가 시간에조차 소비가 활발히 이루어지기를 노린다. 개개의 문화 생산물은 모든 사람들을 일하는 시간과 마찬가지로 휴가시간에도 잡아놓는 거대한 경제 메커니즘의 일환이다. (『계몽』, p. 193)

사람들은 노동의 피로를 풀고 생산활동에 몰두할 수 있는 에너지를 충전하기 위해 유흥이나 휴식을 찾는다. 하지만 그들에게는 선택의 여지가 많지 않다. 자발적이고 창조적인 문화를 만들어내기에는 노동의 피로가 무겁고, 그것에 투여되는 시간과 능력의 문제 또한 만만치 않다. 때문에 그들은 문화산업이 만들어 놓은 상품들을 소비

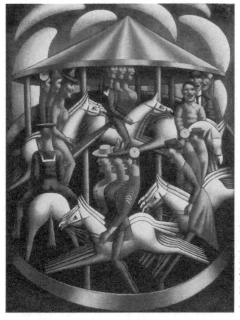

마크 거틀러, 「회전목마」, 1916년

똑같은 표정, 똑같은 자세로 회전목마 위에 앉아 있는 사람들. 정해진 공간 속에서 동일한 움직임만을 반복하는 회전목마는 동일한 것을 반복함으로써 근대인의 신체를 훈육하는 계몽의 체계와 비슷하다. 사람들은 문화산업이 만들어 놓은 이 썰렁한 놀이기구를 어쩔 수 없이 소비해야만 하고, 그것을 소비함으로써 다른 가능성을 봉쇄당한다.

함으로써, 한정된 유흥과 휴식을 선택할 수밖에 없다.

자신이 여가시간에 어떤 유흥을 즐기는지, 그리고 '휴식을 취하고 싶다'는 생각이 들 때 떠오르는 휴식의 모양이 어떤 것인지 한번 생각해 보라. 영화 관람, 술 마시기, 외식, 노래방, 레포츠……. 차이는 영화 관람이 연극이나 오페라 관람으로, 소주가 와인으로, 노래방이 무도장으로 바뀌는 데 있을 뿐, 그 이상의 유흥은 생각하기도 어렵고, '생각하는 것' 자체가 '귀찮다'. 문화산업이 정해준 몇 개의 테두리 안에서 종목만 살짝살짝 바꿔보는 것. 그 정도가 각 개인이 할 수 있는 '노력'이다.

물론 문화산업은 끊임없이 새로운 요소를 기존의 유흥에 도입하지만, 그것은 '차이를 위한' 상투적인 새로움일 뿐이다. 그 유흥의 어디에도 대중의 '고유한 사유'가 끼여들 틈은 없다. 마치 거대한 롯데월드 안에 있는 것처럼 우리는 유흥을 선택하는 것이다. 롯데월드 안에서 우리는 각자가 좋아하고 타고 싶은 놀이기구를 선택하지만, 그것은 어디까지나 그 안에 있는 놀이기구 내에서일 뿐이다. 만들어진 놀이터에서만 놀아야 하는 것이다.

대중은 자신의 고유한 생각을 가져서도 안 된다. 대중은 철저히 구경꾼의 입장에서 다양하고 전문화된 매개체들에 의존해서만 세계를 바라볼 수 있다.

제작물은 모든 반응을 미리 지시해 준다. …… 정신적 긴장을 요구하는 모든 논리적 연관은 교묘하게 기피된다. 작품의 전개는 가능한 한 바로 앞선 장면으로부터 따라나와야지 전체라는 이념으로부터 나와서는 안 된다. (『계몽』, p. 208)

문화산업이 만들어낸 대량 문화상품의 세례 속에서 개인이라는 관념 또한 환상에 불과한 것이 된다. 사람들은 각자 자기만의 개성을 갖고 있다고 믿지만, 그 개성은 보편성을 벗어나지 않는 한에서만 인정되는 제한적인 것이다. 대중들이 모방하는 유명 배우의 스타일은 독자성을 가진 것처럼 보이지만, 그것 역시 공장의 생산라인을 거쳐 만들어진 상품의 일종일 뿐이다. 서로가 서로를 모방하고 추인하는 동안 유행이 만들어지고, 획일화의 과정은 심화된다. 문화상품이 만들어내는 템포와 역동성 속에서 사람들은 재빨리 스쳐 지나가는 사실들을 놓치지 않기 위해 적극적으로 사유하는 것을 포기하게 된다. 여기에 "어떤 제한도 없어지고 돈을 지불할 필요도 없게 됨으로써 수용자와 예술 사이의 거리가 없어지게 됨에 따라 예술이나 수용자는 모두 물건 비슷한 것이 되고 소외는 완성된다".

지배적 취향을 조작하고 관리하는 것과 마찬가지로 문화산업은 소수의 취향 또한 관리하고 포섭한다. 대량화, 획일화된 문화상품에 저항하는 것처럼 보이는 '마니아'들도 이 체계로부터 자유롭지는 못한 것이다. 이들 역시 문화산업의 거대하면서도 촘촘한 그물에 걸려든 존재에 불과하기 때문이다. 문화산업은 '마니아'의 입맛에 맞는 상품을 제공하면서, 동시에 문화상품 전반에 대해 무관심하도록 내버려두지도 않는다. 특정한 취향을 고집한다는 것은 스스로의 무능과 게으름을 드러낼 뿐이다. 게으름을 피우다가 무엇인가를 놓치지 않나 하는 불안 때문에 사람들은 문화산업 속으로 투항한다. 그러므로 문화상품을 소비하는 개인이 갖는 개성은 보편적 동일성의 논리에 포섭된 '사이비 개성'에 불과하다.

좋은 상인이 좋은 예술가다

앞에서 우리는 문화산업이 예술작품도 상품으로 만들었다고 말했다. 예술작품을 감상하고 즐기는 일 역시 대량 소비가 가능한 상품이 된 것이다. 물론 문화산업이 등장하기 이전에도 예술작품은 상품이었다. 우리가 아는 베토벤, 슈베르트 같은 유명한 작곡가들이나 고흐, 세잔, 르누아르 같은 화가들, 스탕달, 도스토예프스키, 발자크 같은 작가들 모두 자기 작품을 팔아서 먹고 살았으니까. 단, 18세기까지의 예술가들은 그들을 경제적으로 후원해 주고 그들의 예술세계를 인정해 주었던 왕족이나 귀족 '패트론'을 갖고 있어 그들의 작품이 상품이 되는 신세는 면할 수 있었다.

그러나 19세기 무렵부터는 자기 이름을 걸고 예술작품을 제작한 작가 스스로가 시장에 자기 작품을 내다 팔게 되었는데, 문화산업은 이런 예술작품의 상품화를 더욱더 가속화시켰다. 그들의 기술로 복제해낸 예술품들이 때와 장소를 가리지 않고 소비자들을 '싼 값'에 찾아갈 수 있게 된 것이다. 심지어 예술품을 향유하기 위해 돈을 지불하지 않아도 되는 경우도 있다. 라디오나 TV 등의 매체는 베토벤의 교향곡을 '공짜로' 대중에게 선사한다(물론 이것은 다른 문화상품들의 신전을 듣는 대가로 대중에게 선사된 것이다).

아도르노와 호르크하이머는 문화산업 시대가 되면서 예전의 예술작품에는 예술의 자율성을 유지하기 위한 작가들의 노력과 현실

사이의 긴장이 있었는데, 그런 예술적 자의식이 사라져 버렸다고 주장한다. 더불어 그들은 예술이 상품이라는 사실이 새로운 게 아니라 "진짜 새로운 것은 예술 자신이 상품의 일원이 되었음을 자랑스러워하는 일"이라고 말한다. 좋은 상인이 좋은 예술가가 된 것이다.

예전에는 어떤 내용을 어떻게 표현할 것인가가 예술가들의 주된 고민거리였고, 수용자들 역시 예술작품으로부터 기대하는 것은 특정한 목적에 얽매이지 않는 그 작품이 갖는 고유한 내용과 질적인 부분, 그것으로부터 얻을 수 있는 예술적 감흥이었다.

그러나 교환가치의 유무를 중요하게 생각하는 시대가 되면서, 예술작품으로부터 기대할 수 있는 효과, 즉 현실에 대한 비판과 또 다른 세계에 대한 가능성의 기대는 사라졌다. 수용자들에게 이제 중요한 것은 얼마나 많은 콘서트와 전시에 대한 정보를 가지고 있는가, 내가 그것들을 돈을 주고 살 수 있을 것인가에만 집중된다.

이제 문화상품의 수용에서 사용가치라고 부를 수 있는 것은 교환가치에 의해서 대체되며, 향유 대신에 표를 사서 공연장에 참석한다는 사실 자체나 어떤 예술 분야의 잡다한 정보에 정통하다는 사실이 더욱 중요시된다. …… 예술의 사용가치 즉 예술의 존재는 '물신'으로 여겨지며, 예술작품의 수준이라고 오해되는 예술의 사회적 평가는 물신이 향유할 수 있는 유일한 사용가치나 질이 된다. (『계몽』, p. 238)

사회의 상품적 성격을 부정하는 순수 예술품도 상품으로 만든 문화산업은 상품을 예술화하기도 한다. 상품을 더 많이 팔기 위한 포장과 선전에 활용되는 예술은 본연의 진지성을 결여한 채 자본의 이익에만 복무한다. 이제 전문화된 디자이너를 통해 포장된 상품은 '30초의 예술'인 광고를 통해 대중들에게 전달된다. 자본의 팽창적 질서와 미적으로 대립하기 위해 예술이 만들어야 할 '새로움'(가치의 전복)이 아닌 자본에 복무할 '차이를 위한' '새로움'이 예술의 가치가 되어버린 것이다.

3. 모든 사람을 돌보아야 한다

현실의 고통을 잊게 하라

진정 위대한 예술작품은 현실에 대한 예리한 통찰 속에서 그 시대의 양식을 뛰어넘고 미래의 양식을 선취함으로써 존재의 진가를 드러낸다. 이를테면, 눈에 보이는 현상을 사실로 받아들이며 그것을 있는 그대로 모사(模寫)하는 것을 하나의 양식으로 약속한 자연주의 작가들 속에서, 그리고 '예술을 위한 예술'을 부르짖으며 복고적 낭만 취향에 매달린 작가들 틈에서 발자크가 보여준 현실에 대한 날카로운 이해와 새로운 표현은 미래의 양식을 선취한 것이었다. 그런 의미에서 아도르노와 호르크하이머는 이렇게 말한다.

> 위대한 예술가들이란 결코 매끈하고 완전한 양식을 구현한 사람들이 아니라 카오스적인 고통의 표현에 대항하기 위한 강인함으로써, 즉 양식을 '부정적 진리'로서 작품 속에 받아들인 사람들이다. (『계몽』, p. 197)

뒤샹, 「L.H.O.O.Q.」 1919.

다빈치의 걸작 「모나리자」에 붓장난을 친 것처럼 보이는 이 그림을 아도르노와 호르크하이머는 보았을까? 이 그림은 원작에 대한 단순한 패러디 이상이다. 모나리자는 이제 전혀 다른 이미지를 얻었고, 작품의 권위는 순간적으로 무너진다. 가치의 전복! 이것이 바로 예술이 미래를 선취하는 방식이다.

    진정한 예술작품이든 문화상품이든 그것들은 모두 '지금-여기'의 현실과 다른 세계를 보여준다. 단, 진정한 예술작품이 눈에 보이는 현상 뒤에 있는 현실의 남루함과 비극성을 드러내고, 더 나은 가치의 세계를 보여주고자 한다면, 문화산업의 상품들은 현실의 본질을 은폐하고 그것의 표면에 있는 파편적 현상들을 감각적으로 채색한다. 마르쿠제 역시 대중문화가 현실의 고통을 일시적으로 완화시켜 준다면, 예술은 오히려 현실의 고통을 정확하게 표현함으로써 대중문화의 기만적 성격을 드러내고 진정한 쾌락을 추구한다고 말한 바 있다. 문화산업은 미래의 어떤 가능성에 대해 대책 없이 약속하지만, 그것은 모든 사람에게 평등하게 실현될 수 없기 때문에 기만적인 것이다.

> 예술작품은 거세당한 충동을 부정적인 것으로 형상화하며, 충동이 굴욕을 당하게 하기보다는 내부로 철수시켜, 거세당한 것을 매개된 것으로 만듦으로써 구제한다. 이것이 심미적인 '승화'의 비밀이다. 그것은 즉 약속의 좌절을 실현으로 보는 것이다. 문화산업은 충동을 승화시키는 것이 아니라 억압한다. (『계몽』, p. 212)

문화산업은 현존하는 삶의 방식이나 조건을 변하지 않는 확고부동한 현상으로 확신시키는 논리를 끊임없이 반복하고 재생산하여 대중들이 현존하는 사회를 당연하고 자연스러운 것으로 인식하게 만든다. 이와 더불어 문화산업은 대중에게 자본주의적 가치관과 정서를 내면화하게 만들며, 정신적 도피처를 제공하여 정치적 무관심을 조장한다.

이를 위해 문화산업은 끊임없이 웃음과 재미를 처방해 준다. 텔레비전 드라마는 대표적으로 이런 문화산업의 힘을 실천한다. 역사 드라마에 현실 정치의 내용이 삽입되고, 시청자의 흥미가 절정에 달

했을 때 그날 방송분을 마감한다. 인기 있는 배역의 경우 사료(史料)적 사실을 무시하고서라도 오래 살려둔다. 흥미를 위해 애정문제가 개입되고, 애초에 다루고자 했던 역사적 사실을 조망하는 일은 요원한 것이 된다. 결국 재미라는 것은 진실을 알고자 하는 욕망이나 전체로서의 세계에 대한 의식을 망각한 채 파편화되고 왜곡된 현상을 수락함으로써만 얻을 수 있는 것이다.

> 즐긴다는 것이 의미하는 것은 항상 무엇인가에 대해 더이상 생각하지 않는 것, 고통을 목격할 때조차 고통을 잊어버리는 것이다. 즐김의 근저에 있는 것은 무력감이다. 즐김은 사실 도피이다. …… 오락이 약속해 주고 있는 해방이란 '부정성'을 의미하는 사유로부터의 해방일 뿐이다. (『계몽』, p. 219)

문화산업의 이데올로기는 이제 기존질서를 확고부동하게 대변하는 예언자가 된다. 하루아침에 슈퍼스타가 되어버린 영화배우나 대중가수가 길을 가다 엔터테인먼트 기획자에 의해 발탁된 것이라는 사실 혹은 소문들은, 건강하고 정직한 노동을 미덕으로 삼고 있는 대다수의 사람들에게 정신적 박탈감을 준다. 그들은 서서히 시민적 행목이란 계산 가능한 노력의 결과와는 별로 상관이 없다는 점을 깨닫는다. 삶에서 누가 행운을 잡는가, 누가 행복해지는가의 문제는 계획성과 반대에 있는 우연성에 의해서라는 이데올로기가 이 안에 숨어 있다. 그러나 사람들이 우연성을 믿게 되는 그 순간 우연성은 문화산업에 의해 '계획적으로' 만들어지기 시작한다.

문화산업의 이데올로기는 마치 국회의원 입후보자가 자신의 지역구 주민들을 '한 표'로 보는 것과 마찬가지로 사람들을 피고용자나 고객으로만 대한다. 하지만 그것은 "모든 사람을 돌보아야 한다"는 강한 사명감을 전제로 한 것이다. 문화산업이 돌볼 수 없는 사람은 존재하지 않는 사람이며, 존재해서는 안 되는 사람이다. 문화산업의 이데올로기는 체계의 바깥에 머물고 싶어하는 아웃사이더를 인정하지 않는다. 문화산업의 이데올로기는 상황에 따라 문명을 강조하거나 자연을 강조한다. 또 기술을 중요하게 이야기할 때도 있고, 인간을 최고의 가치라고 하기도 한다. 모든 것은 합리적이고 계획적이라고 말하는가 하면, 신화적인 우연성과 운명이 더 큰 힘으로 작동하기도 한다고 말한다.

> '이데올로기의 미확정성'은 지배를 위한 수단으로 작용한다. 그러한 미확정성은 현상 유지를 계획적으로 끌고 나가는 데 매우 효과적이다. …… 〔문화산업의〕 이데올로기는 천근 같은 삶을 사진처럼 재현하는 것과 삶의 의미에 관한 새빨간 거짓말로 양분된다. (『계몽』, p. 223)

동일한 패턴에 의해 만들어진 문화상품들을 반복적으로 접하다

보면, 대중들은 현실의 상황을 긍정하고 보다 근본적인 삶의 가치는 망각하게 된다. 아도르노, 호르크하이머와 함께 프랑크푸르트 학파에 속했던 마르쿠제는 이러한 상황을 다음과 같이 이야기한다.

> 저항할 수 없는 오락, 정보산업의 산물들은 처방된 태도나 습관, 지적·감정적 반응을 통하여 소비자와 생산자를 묶어주거나 이들을 전체와 묶어준다. 이 산물들은 주입과 조작을 통해 거짓이라는 것에 무감각한 허위의식을 만들어내고 …… 마침내는 이것이 삶의 방식이 되도록 한다. (마르쿠제, 『일차원적 인간』)

이러한 삶의 방식은 이전의 것보다 훨씬 감각적으로 나아진 것이기 때문에 근본적인 삶의 질적인 변화를 방해하고, 사람들은 1차원적 사고와 행동의 패턴을 연출하게 되는 것이다.

금지된 것들을 금지시켜라

현실의 고단함이 최선의 삶이라고 전파하는 것과 더불어 문화산업은 체제 안정을 위해 위험한 이데올로기를 전할 가능성이 있는 '문화' 틀을 철저히 배제시켜 나간다.

극장에서 상영되지 않아서 일반사람에게 잘 알려져 있지는 않지만, 90년대 초반에 노동현장의 문제를 다룬 「파업전야」라는 영화가 대학가에서 상영된 적이 있다. 87년 6월 항쟁 이후 현장에는 노동 조합들이 우후죽순 생겨나기 시작했는데, 영화는 그 과정, 즉 열악한 노동환경과 비인간적 대우에 맞서기 위해 조합을 결성하고 파업을 감행하는 노동자들의 투쟁 과정을 담고 있다. 노태우 정권은 사람들이 이 영화를 보는 것을 원치 않았기 때문에 이 영화가 일반 영화관에서 개봉되는 것을 금지했다. 그러나 이러한 조치에 반발한 대학생들은 '상영금지'된「파업전야」를 공권력의 위협을 무릅쓰고 학교 안에서 상영했다. 영화 필름을 둘러싼 공권력과 학생들의 쫓고 쫓기는 싸움은 당시의 희비극적 상황을 잘 보여준다. 특정한 내용의 영화를 만드는 것뿐만 아니라 그것을 보는 것도 죄가 되던 시절이었다.

70년대에는 '풍기단속'이라는 미명하에 경찰관들이 '바리깡'을 들고 장발 청년들을 단속하거나, 자를 들고 젊은 여성들의 치마 길이를 재고 다니는 웃지 못할 풍경이 벌어지기도 했다. 일반인들이 그랬으니 텔레비전에 출현하는 '공인'들이야 말할 것도 없었다. '양파들'이라는 그룹명을 달고 짧은 머리를 단정하게 빗어 넘긴 채 얌전하게 록음악을 연주하는 가수들의 모습을 한번 상상해 보라.

그 시절에는 국가가 국민의 수면시간을 관리하기도 했다. 9시 뉴스가 시작되기 직전 텔레비전에서는 '어린이는 밝은 내일을 위해 잠자리에 들 시간입니다'라는 광고를 매일 방송했고, 자정이 되어 통행금지 사이렌이 불면, 미처 집으로 돌아가지 못한 어른들을 위해 경찰서에서 잠자리를 마련해 두고 있었다. 전국민의 바른 생활화!

영화 「파업전야」의 한 장면

상품의 가치는 우선 그것이 팔릴 만한 것인가에 따라 결정된다. 많은 대중들이 쉽게 즐길 만한지, 소비 이외의 다른 효과를 불러일으킬 만한 것인지 등이 세심하게 고려된다. 그리고 그것은 체계가 허용하는 범위 안에서 만들어져야 한다. 자본의 지배에 도전하거나 그것을 선동하는 내용으로 채워진 작품은 문화상품으로서의 가치를 지니지 못한다. 그것은 정상적인 판매-유통 라인을 확보할 수 없기 때문에 팔릴 수 없고, 체제 도전적이기 때문에 권력의 탄압으로부터 자유로울 수 없다.

시절이 많이 좋아져서 90년대 이후에는 머리를 기르든 자르든 총천연색으로 염색을 하든, 옷을 입든 벗든 크게 개의치 않게 되었지만, 그렇다고 금지목록이 완전히 없어진 것은 아니다. 국가보안법이 엄연히 살아 있는 시대이지만, 서태지와 아이들이 「발해를 꿈꾸며」를 부르는 것은 허용된다. 하지만 DJ. DOC의 「포졸이」는 방송전파를 탈 수 없다. 가사 중에 저질언어가 있어서? 그럴 수도 있다. 그러나 자세히 한번 들어보라. 그 저질언어가 어디를 향하고 있는지.

무엇을 금지할 것인가, 무엇을 허용할 것인가를 정확히 판단한 대중매체는 이제 허용목록 속에서만 안전하게 시스템을 가동시킴으로써 권력의 시녀가 된다. 지난 IMF 시절, 대중매체의 선전 덕분에 하루하루 먹고 살기 바빠서 과소비할 여유가 없었던 서민들만이 국가경제를 살리기 위해 허리띠를 졸라 맸다. 그들은 대중매체가 하라는 대로 장롱 속에 숨겨두었던 금반지를 '헌납'했고, 더 열심히 일하지 않았던 자신들을 반성했다. 그 와중에도 서울의 특정 상점에서는 고가 명품들이 끝도 없이 팔려나갔고, 국회에서는 이전투구가 끊이지 않았다. 어떤 대중매체도 경제의 위기가 재벌들 때문에, 혹은 정치가들 때문에 온 것이라고는 말하지 않았다.

한편 영화·라디오·텔레비전·잡지 등의 대중매체는 획일화된 체계를 확장하는 도구로서 문화산업을 정당화하는 이데올로기에 사용된다. 이에 따라 문화산업의 위치는 더욱 확고해지고, 소비자의 욕구를 더욱 능란하게 다룰 수 있게 된다. "문화산업은 소비자의 욕구를 만들어내고 조종하고 교육시키며 심지어는 재미를 몰수하기도 한다." 그렇게 함으로써 대중들의 의식은 관리되고 통제된다.

4. 내가 대표선수다

'문화산업' 이라는 말은 아도르노와 호르크하이머가 만들어낸 용어
이지만, 요즘 들어 '○○산업' 이라는 말이 유행처럼 쓰이는 것을 볼
수 있다. 정보산업, 지식산업, 영화산업 등등. 아도르노와 호르크하
이머가 『계몽의 변증법』을 썼던 1940년대 초·중반에는 구체적인
물적 생산품이 아닌, 일종의 정신적 차원인 '문화' 로 장사를 한다는
사실만으로도 놀라운 일이었을 것이다. 그때까지 사람들은 '교환법
칙' 이 적용되는 것은 물품에 한정되는 것으로 생각했을 테니까. 지
금 우리 시대는 모든 것이 '장삿거리' 가 된다. 사실 '○○산업' 이라
는 말은 그 ○○ 을 자본으로 장사를 하겠다는 말과 다르지 않다.

아무튼 '문화산업' 이라고 했을 때, 장삿거리가 되는 문화의 내
용들은 뭐가 있을까? 대중문화의 내용을 전파할 수 있는 대중매체
즉 미디어늘, 그리고 그 미디어를 통해서 보급되는 드라마, 영화(만
화영화를 포함해서), 대중가요와 그것들을 선전하는 광고, 조금 다른
유통망을 지닌 서적류, 휴가나 축제를 위해 마련된 테마 파크나 스포

츠 위락시설들 등이 모두 문화산업에 포함된다.

이러한 문화산업의 여러 계열들은 각기 독자적으로 운영되는 경우도 있지만 대부분 경제적인 측면에서 서로 연결되어 있다. 방송사는 프로농구팀을 운영하면서 수익을 올리고, 건설 자본이 영화산업에 뛰어든다. 몇몇 대기업은 문화산업을 21세기에 그들이 주력할 사업의 중심에 놓고, 영화·스포츠·방송·엔터테인먼트·위락시설 등 거의 모든 문화산업의 영역에 손을 뻗치기도 한다. 문화산업은 이제 각 부분이 서로 얽혀있을 뿐만 아니라, 몇몇 거대자본에 의해 독점적으로 운영되는 현상을 보이기도 한다.

〔그들은〕 모두 서로간에 너무나 긴밀히 뒤엉켜 있기 때문에 그들의 공통된 정신은 전혀 다른 업종이나 기술이 만들어내는 경계선을 거리낌없이 넘나든다. …… 전문가들이 무엇이 장점이고 무엇이 단점이라고 떠들어대는 것은 경쟁과 선택 가능성이라는 가상을 영구화하는 데 기여할 뿐이다. (『계몽』, p. 187)

문화산업에서 중요한 것은 상품의 질이나 내용이 아니라 그것이 얼마나 '돈'이 되는가이다. 가령 영화의 경우에도 얼마나 예술적 감동을 주는가, 얼마나 완성도가 있는 작품인가는 별로 중요하지 않다. 중요한 건 어떤 인기 배우가 출연하는가, 얼마나 효과적으로 광고를 하느냐에 따라 흥행이 결정되고 가치가 매겨진다는 사실이다.

2000년대 초반 한국에서 선풍적인 인기를 끌었던 '조폭 영화'들은 동일한 패턴의 형식과 비슷비슷한 내용을 반복해서 재생산했음에도 불구하고 관객의 시선을 끝까지 붙잡아 두었다. 반면, 대기업 자본과 손을 잡지 않고 관례화된 관객의 기호에도 영합하지 않았던 영화들 중 일부는 상영관을 확보하지 못함으로써 그 가치를 평가받을 기회마저 박탈당해야 했다.

라디오—이데올로기의 내밀한 공명통

1940년대, 문화산업의 최대 첨병은 라디오였다. 라디오는 문자를 텍스트로 삼아 활자술의 보급과 더불어 대중적 매체가 된 신문이나 서적 등의 문화상품이 주었던 시각적 충격과는 또 다른 차원에서 문화산업을 선도했다. 라디오는 문자를 해독할 수 있는 사람뿐만 아니라 읽고 쓸 수 없는 사람들에게도 공평하게 뉴스와 같은 공적인 '메시지'를 전달하고, 쉽게 따라 부르며 즐길 수 있는 대중가요를 전파하고, 한 편의 이야기를 극으로 꾸며서 들려주었다. 라디오는 인간의 신체에 전파가 흘러 들어갈 수 있다는 것을 경험하게 한 매체였다.

아도르노와 호르크하이머에게 있어 라디오는 한 사람의 발화자가 무제한의 청취자들을 대상으로 특정한 내용을 일방적으로 전달하는 미디어라는 점 때문에 문제적이다. 발화자는 '명령하는 자', '지배하는 자'로 연결될 수 있고, 청취자는 '명령을 수행하는 자',

'지배받는 자'의 위치로 전이될 수 있다. 하지만 발화자와 청취자의 위치는 바뀌지 않는다. 더구나 발화자는 무수한 익명을 대상으로 하지만 청취자의 입장에서 그것은 일대일의 관계이다. 라디오라는 매체를 사이에 두고 청취자는 발화자와 내밀한 공감대를 형성하고 있다는 착각에 사로잡힌다.

그런 의미에서 라디오는 단순히 문화상품을 전달하고 유흥을 보급하는 미디어 이상이었다. 맥루한의 표현을 빌리자면 라디오의 등장으로 "혈족관계의 묵은 그물눈이 파시즘의 선율과 더불어 다시금 공명"하기 시작했기 때문이다.

라디오는 집필자 혹은 말하는 사람과 듣는 사람 사이에 말없는 커뮤니케이션의 세계를 만듦으로써 많은 사람들에게 1대 1로 상대할 때와 같은 친근한 효과를 준다. 이것은 라디오의 직접적인 측면이다. 즉 개인적인 경험을 한다는 것이다. 잠재의식의 심층에 작용하는 라디오의 성격은 부족의 뿔피리나 고대의 북의 울림과 본질적으로 마찬가지다. 이것은 인간의 마음과 사회를 하나의 감동의 소용돌이 속에 던져넣는 힘을 갖는다. (마샬 맥루한, 『미디어의 이해』)

라디오는 인간의 중추신경 조직을 확장하여 모든 사람을 그 미디어가 전파하는 메시지 속으로, 그리고 그 메시지가 요구하는 행동으로 사람들을 이끈다. 그런 의미에서 라디오는 '핫 미디어'다. "아메리카, 인도, 중국, 그리고 소련에서도 라디오는 심오한 고대적 힘이며, 가장 오래된 과거와 오래 전에 잊혀진 경험을 연결하는 시간의 유대이다'라는 맥루한의 말을 참고한다면, 게르만 민족 공동의 기억을 파시즘의 이데올로기로 묶어낸 라디오야말로 '잠재의식의 공명실'이자, 지배의 체계를 보급하는 문화산업의 첨병이었던 셈이다.

아도르노와 호르크하이머가 라디오를 바라보는 시선도 다르지 않다. 서로 엇비슷한 방송 프로그램들에 청취자들을 복종시켜 그들을 수동적 객체로 만드는 라디오의 힘을 통해 파시즘의 이데올로기는 비판없이 받아들여진다. 이것은 라디오 전파의 수신자가 자신의 의사를 말할 수 있는 어떤 응답장치도 갖지 못하고, 사적인 전파의 자유가 허용되지 않는 특수한 맥락 속에서 작용한다. 이들에게 있어 라디오는 "국가의 소리"이자 "총통의 입"이었다.

우리의 경우도 다르지 않다. 1960년대 개국한 이래 라디오는 지배 이데올로기를 전파하는 데 십분 활용되었다. 70년대의 새마을 운동은 라디오 전파를 타고 마을 확성기를 통해 흘러나오는 '새마을 운동 노래'가 아니었다면 대중의 의식에 그렇게까지 깊이 뿌리내리지 못했을 것이다. 구효서의 소설 『라디오 라디오』를 보면 그 시대의 라디오가 어떤 정치성과 문화적 특권을 갖고 있었는지 알 수 있다.

날마다 유명한 가수들의 노랫소리만 나오던 스피커였습니다. 세상 돌아가는 소식을 목소리 좋은 아나운서가 전하던 스피커였습니다.

어떤 때는 미국의 특파원이 미국에서 직접 전하는 '미국의 소리'가 들려오던 스피커였습니다. 말하자면 스피커에서 흘러나오는 소리는 우리의 직접적인 삶과는 아주 동떨어진 꿈 같은 세계의 언어였던 것입니다. (구효서, 『라디오 라디오』)

1967년, 휴전선 부근의 한 마을을 배경으로 하고 있는 이 소설에서 모든 사건의 원인은 집집마다 매달려 있는 확성기와 그것을 통해 흘러나오는 라디오 방송이었다.

일종의 공동 문화를 만들어내기도 했던 라디오 방송과 가가호호의 스피커는 그러나, 개인용 트랜지스터 라디오가 보급되면서 구시대의 유물이 된다. 라디오는 이제 사적인 개인과 1:1의 관계를 맺으며 침묵과 고립의 단자화된 세계를 선도하는 매체가 된다. 혼자 라디오를 듣는 사람은 침묵한다. 이 개인적 침묵이 사회적으로 확산될 때, 라디오는 대중들의 정치적 무관심을 조장하는 '탈정치화 전략을 수행하는 기능'을 하는 것이다.

영화—망각과 도취의 스크린

당신은 저 끔찍한 영화 장면들을 기억할 것입니다. 주인공의 삶의 몇 년에 걸친 기간이 1분 내지 2분밖에 걸리지 않는 일련의 필름에 촬영되어 그가 어떻게 성장하고 늙었고, 어떻게 전쟁이 일어났고 지나갔는가 등등을 보여줍니다. 한 존재를 도식적으로 묘사된 몇몇 하찮은 순간 속에 정리해 넣는 것은 인간이 하나의 관리될 수 있는 요소로 해체되었음을 상징합니다. (마틴 제이, 『변증법적 상상력』)

1942년에 호르크하이머가 뢰벤탈에게 보낸 편지의 내용이다. 호르크하이머에게 영화 속에 '압축적으로 제시된 시간'이 문제가 되는 것은, 그것이 단순히 영화기술의 미흡함을 드러내주는 것이기 때문만이 아니라, 인간의 삶 자체가 몇 가지 상투적인 패턴으로 유형화될 만큼 획일화되어 버렸다는 것을 보여주기 때문이다. 아도르노 역시 "영화가 이데올로기를 전파한다는 고백은 이미 그 자체 전파된 이데올로기다"라고 꼬집는다. 그들의 영화에 대한 이러한 부정적 입장은 『계몽의 변증법』에서 이렇게 모아진다.

실제 생활은 점점 영화와 구별할 수 없게 된다. 착각극을 훨씬 능가하는 유성 영화는, 관람자가 줄거리를 놓치지 않으면서도 사건의 흐름에서 자유롭게 빠져나와 이런저런 상상과 반성을 할 수 있는 여지를 남겨놓지 않음으로써 자신의 제물들로 하여금 영화를 현실과 직접적으로 동일시하도록 유도한다. (『계몽』, p. 192)

영화에 대한 그들의 부정적 인식은 관람자로 하여금 수동적 위치에 머물도록 한다는 점, 어떤 비판적 사유도 불가능한 것으로 만든다는 점으로부터 기인한다. 기 드보르가 『스펙터클의 사회』에서 말했던 "관조되는 대상을 위한 구경꾼의 소외"가 아도르노와 호르크하이머에게는 영화의 가장 큰 부정적 속성으로 인식된다. '시각적인 것'(스펙터클)에 의한 인간의 지배를 현대 사회의 가장 큰 특징으로 생각했던 기 드보르는 스펙터클의 기능을 "문화 내에서 역사를 망각하게 하는 것"이라고 말했다. "관조하는 것이 많으면 많을수록 그의 삶은 더욱 하찮아지며, 그가 지배적인 욕구의 이미지 속에서 자신을 인지하기를 승인할수록 자신의 실존과 욕구에 대한 그의 이해는 더욱 축소된다"고 했던 기 드보르의 진단은 아도르노와 호르크하이머가 영화산업에 가졌던 근본적인 이해와 다르지 않다. 그들은 말한다. "모든 물화는 망각이다." 그리고 "그것이 진보의 대가이다"라고.

한편 아도르노와 호르크하이머는 다루기 힘든 소재에 대해서는 더이상 실험해 볼 필요성도 느끼지 않는 문화산업의 양식이 그 자체로 양식에 대한 부정이라고 비판한다. 그런데 문화 전반에 작동하는 시스템에 대한 전제가 아도르노와 호르크하이머의 대중문화 비판의 맹점이기도 했다. 그들이 시스템 바깥에서 만들어지는 의외의 효과를 전혀 인정하지 않았기 때문이다. 하지만 우리는 문화산업에 의해 조작되지 않고 대중적 양식을 자기 내용과 결합시킨 작품들이 대중적 관심을 받게 되는 경우를 종종 본다.

아도르노와 호르크하이머는 오슨 웰스의 작가주의도 "체계의 유효성을 더욱 강하게 확인시켜 주는 계산된 돌연변이"로 평가한다.

영화가 진행되는 동안 사람들은 모두 스크린에 시선을 고정시킨다. 그 시간만큼은 누구나 익명의 시선으로부터 자유롭다. '누가 나를 본다'는 것을 의식할 필요가 없는 영화관에서 사람들은 긴장을 풀고 영화의 세계 속으로 몰입해 들어간다. 영화의 세계는 가상의 세계이지만 그것은 현실의 세계가 채워주지 못하는 개인의 욕망을 특정한 방식으로 해소시켜 준다. 영화가 갖는 이와 같은 특징 때문에 관람자들도 자발적인 구경꾼의 위치에서 그것을 즐긴다.

오슨 웰스가 작품을 통해 자본주의적 현실을 뒤집는 모더니즘의 형식 속에서 현실에 대한 비판을 수행할 수 있었던 것도 체계가 그것을 허용했기 때문이라는 것이다. 그들은 또한 자본주의에 대한 희극적이지만 치밀한 비판을 보여준 채플린의 작품에 대해서도 인색한 평가를 내린다. 그들이 보기에 잘못된 세계를 사는 사람의 웃음이란,

문화산업이 만들어낸 감각적 도취에 의한 웃음이거나, 현재에 대한 고통을 거세하고자 하는 욕구에서 나오는 부정적인 웃음에 불과한 것이기 때문이다. 그들은 채플린의 영화가 갖는 긍정적인 성격보다는 영화의 관람자들이 '웃음' 속에서 현실을 망각하는 부정적 효과를 지나치게 염려했다.

> 라디오 방송국이나 영화관이 대부분 문을 닫는다고 하더라도 소비자들은 아마 그렇게 아쉬워하지는 않을 것이다. …… 이러한 제도들의 존재 자체가 그 이용을 의무화하는 것과 같은 상황이 지나가게 되면 이러한 제도를 이용하려는 욕구도 그렇게 크지는 않을 것이다. (『계몽』, p. 210)

하지만 지금 라디오·텔레비전·영화가 갖는 힘은 단순히 문화적인 차원에 머물지 않는다. 그것은 이미 우리의 일상이 되었다. 그리고 지금의 '소외'는 생산된 문화상품으로부터의 소비자의 소외뿐만 아니라, '유행' 혹은 제공된 문화상품을 소유하지 못하거나 그것을 매개로 타인과 소통하지 못하는 데서 연유하는 경우가 더 많다. 문화산업은 더욱더 가공할 힘을 갖게 되었다. 아도르노와 호르크하이머가 이 글을 썼을 때가 아직 영화가 일반화되지 않았던 1940년대 중반이었다는 점, 그리고 그들의 텍스트가 미국의 대중문화에 국한되고 있었다는 점을 감안하더라도, 그들의 진단이 지나치게 예민하고 조급한 것이었다고 말할 수밖에 없다. 상업적 한계나 이데올로기 전파의 부정적 측면을 인정한다고 하더라도 이후의 영화가 갖는 예술적 가치나 해방적 기능 또한 도외시할 수는 없을 것이다.

만화영화는 일반영화보다는 자유롭게 "합리주의에 대항하는 상상력의 표출수단"으로서의 역할을 한 적이 있지만, 오늘날의 만화영화는 다만 "진리에 대한 기술적 이성의 승리"를 확인시켜 주고 있을 따름이라고 그들은 말한다. 거대 자본의 힘으로 세계적인 보급망을 갖고 유통되는 디즈니 만화는 그들의 표적이다.

하지만 그 시대에 그들에 의해 조금은 부당한 평가를 받았던 오슨 웰스나 채플린이 지금 다시 이야기되고 있는 것처럼, 만화영화 또한 새로운 가능성을 보여주는 것들이 생겨나고 있다. 자연과 인간의 상생 가능성을 이야기하는 것 속에서 문명을 비판하는 미야자키 하야오의 「바람계곡의 나우시카」와 같은 작품을 아도르노와 호르크하이머가 보았다면 어땠을까. 혹은 미국의 거대 영화자본에 반대하면서 바로 그곳에서 미국인들 스스로가 만들어낸 '선댄스 영화제' 같은 것을 보았다면.

벤야민은 같은 프랑크푸르트 학파이면서도 상대적으로 영화에 유연한 태도를 보였다. 아도르노와 호르크하이머가 문화산업의 시대라고 명명했던 20세기를 그는 '기술복제 시대'라고 부른다. 그는 "예술작품의 기술적 복제 가능성 시대에서 위축되고 있는 것은 예술작품의 아우라(Aura)다"라고 기술의 예술에 대한 위협을 인정하는 한편, 그 위기와 변화를 해결할 수 있는 가능성을 영화에서 찾고자 했다. 벤야민에게 영화는 대중운동의 매개체이기도 했던 셈이다.

> 영화는 사물을 확대(클로즈업)하여 보여주고, 우리에게 익숙한 사물의 숨겨진 세부적 사항에 초점을 맞추고, 카메라의 뛰어난 사물 파악 능력에 의해 진부한 주위 환경을 천착함으로써, 한편으로는 우리의 삶을 지배하는 필연성에 대한 인식을 증가시키고, 다른 한편으로는 우리가 전혀 상상하지 못했던 엄청난 공간을 확보해 주고 있는 것이다. (벤야민, 「기술복제 시대의 예술품」)

텔레비전─매스미디어 기술의 승리

텔레비전은 라디오와 영화의 종합이다. 그것은 서로간의 차이가 희석되어 획일화된 기술매체의 대표적인 예다. 텔레비전에 의해서 문화산업의 메시지, 즉 "메시지의 소비라고 하는 메시지"가 보다 보편적이고 일상적인 방식으로 전달되고, 모든 것이 구경거리가 될 수 있는 가능성이 뉴스, 드라마, 광고 등을 통해 드러난다. "텔레비전의 '메시지'는 그것에 의해 전달되는 이미지가 아니라 텔레비전에 의해 강요되는 관계 및 지각(知覺)의 새로운 양식이며, 가족 및 집단의 전통적 구조의 변화이다"라는 보드리야르의 말처럼 텔레비전은 매스미디어의 기술상의 변화뿐만이 아니라 그것을 통한 인간관계에도 근본적인 지각변동을 일으켰다. 아도르노와 호르크하이머는 보다 앞선 시기에 텔레비전의 위력에 대해 정확한 진단을 내렸다.

> 텔레비전은 영화와 라디오의 종합을 꾀하고 있는데 그러한 종합은 이해 당사자간의 의견 통일이 아직 이루어지지 않아 저지되고 있지만, 그 무한한 가능성은 심미적 소재의 빈곤화를 엄청나게 가속화시킬 것이 분명하며, 그에 따라 아직은 가려져 있는 모든 문화산업의 획일성이 미래에는 확연하게 백일하에 그 모습을 드러낼 것이다. (『계몽』, p. 188)

텔레비전 드라마에서 보여주는 사회현실은 그것의 본질에 대한 비판을 결여한 채 감각적으로 현상만을 보여주거나 기껏해야 세태를 풍자하는 차원을 넘지 못한다. 이것은 공중(公衆)을 계몽하고 선도한다는 사명을 지나치게 의식하는 '공중파'의 한계(이 속에는 텔레비전이 갖는 기술적 작업 과정의 한계도 포함된다) 때문이기도 하지만, 본질적으로는 권력에 의한 '감시와 처벌' 때문이다. 부르디외는 텔레비전의 이율배반성에 대해 다음과 같이 이야기한 적이 있다.

> 텔레비전은 만약 검열받은 것을 전해야 한다면, 정작 보여주어야 할 것과는 다른 것을 보여줍니다. 보여주어야 할 것을 보여주지 않거나, 또는 그것을 무의미하게 하는 방식으로 보여줍니다. 혹은 텔

레비전은 현실과 전혀 일치하지 않는 의미를 주는 방식으로 다른 것을 구성합니다. (부르디외, 『텔레비전』)

아도르노와 호르크하이머의 시대에는 라디오가 문화산업의 선두에서 대중들을 선동하고 기만하면서 파시즘의 이데올로기를 전파하는 주된 매체로 활용되었다면, 텔레비전은 우리 시대의 가장 유력한 대중매체로서 시대의 중심적인 지배 논리를 보급한다. 사실 텔레비전의 위력은 그들이 예상했던 것을 뛰어넘어 훨씬 복잡하고도 강력하게 작동한다. 텔레비전의 힘은, 우리가 그것을 영화처럼 찾아가서 볼 필요 없이 집에서 다양한 채널 중에서 하나를 선택하도록 하는 편리함을 제공한다는 것, 그리고 텔레비전을 보면서도 다른 일을 함께 할 수 있을 만큼 복잡하지 않다는 것, 때문에 지금 우리 일상의 빠질 수 없는 한 부분이 되어버렸다는 것에 있다. 따라서 미국의 한 예술평론가의 말을 빌리자면, 현대에는 "거대하고 고립된 TV 시청 대중의 예술로부터의 소외" 현상이 심화되고 있는 것이다.

오늘날의 텔레비전은 또한 정치와 경제, 그리고 문화일반에 긴밀하게 연결되어 있는 문화산업의 중심이다. 텔레비전은 정치적 지배담론을 전파하는 매체로 활용되면서 대중들의 의식을 선도하고 조작한다. 몇 년 전까지만 해도 대통령 후보에게 '좌익'이라는 꼬리표는 치명적인 것이었지만, 지금은 대수롭지 않다. 텔레비전이 그것을 그렇게 취급한다.

백남준, 「TV 부처」, 1989년

텔레비전은 이제 우리 일상에서 없어서는 안 되는 중요한 정보전달의 매체이자 문화상품의 전달자가 되었다. 그것이 갖는 일상에서의 위력은 때때로 인간들 사이의 관계를 단절시키고, 원하지 않거나 불필요한 정보까지도 일방적으로 공급하면서 생활의 질서를 파괴하는 것으로까지 나아간다. 시인 황지우가 그의 시 어디에선가 "하루종일 TV를 禪했다"고 말했던 것처럼 TV 앞에서 우리는 이제 무심하기까지 하다. 하지만 그 무심함은 무서운 습관이다. TV 앞에서 무심할 수는 있지만 그것과 쉽게 절연할 수는 없다.

텔레비전이 문화산업의 일부라는 점을 상기한다면 그것과 경제와의 관계는 대단히 자명하다. 텔레비전에서 방영되는 모든 컨텐츠는 전적으로 '광고' 수입에 의해 좌우된다고 해도 과언이 아니다. 방송 제작자는 시청자의 요구와 광고 스폰서의 요구에 모두 부합하는 것을 만들어내야 한다. 이것이 텔레비전이 갖는 일종의 대중 지향성이다. 바꿔 말하면, 텔레비전을 문화산업의 매체로 활용하는 문화자본의 최대관심은 '시청률'이다. 시청률이 곧 광고수입이고, 광고수입이 곧 텔레비전이 만들어내는 경제적 이윤이기 때문이다.

텔레비전은 금지된 것들을 위반하지 않는 범위 내에서 시청자들의 시선을 붙잡아 두기 위해 그들의 욕구를 최대한 반영하고 조작한다. 그런 의미에서 아도르노와 호르크하이머가 문화산업이 대중들의 획일화된 의식을 만들어낸다고 강조했던 것은 여전히 유의미하다. 시청자들이 갖는 새로움에 대한 욕구는 진정한 의미에서의 새로움이나 저항을 향해 있는 것이 아니라, 단지 이전의 것보다 좀더 세련되고 감각적인 표현을 향해 있을 뿐이다. 그러므로 표현의 패턴은 속도감 있게 변형되지만, 내용은 이미 익숙해진 것의 차이없는 반복에 불과하다.

대중음악—문화산업 시스템의 미니콤

대중문화에 대한 아도르노와 호르크하이머의 비판적 입장은 대중음악에 대한 부정적이고 날카로운 아도르노의 평가 속에도 그대로 나타난다. 그는 「대중음악에 대하여」라는 글에서 대중음악의 특징을 평준화와 사이비 개성에 있다고 말한다. 익숙한 것을 반복해서 확인하는 청음 능력의 퇴화가 대중청취의 본질을 구성하는 한, 대중음악 속에서 지적이고 저항적인 의미를 찾을 수는 없다는 것이다.

미국의 대중문화, 그 중에서도 특히 재즈에 대한 아도르노의 반감은 공포에 가까웠다. 그는 "처음 재즈라는 단어를 읽었을 때 내가 느낀 소름끼치는 듯한 무서움을 아직도 기억한다. 아마도 자기보다 느린 상대를 추격하는 사나운 개의 이미지를 떠올리는 독일 말의 하츠(Hatz ; 한 무리의 개)에서 부정적인 연상을 받았던 것 같다"라고 고백한 바 있다. 재즈는 "소외를 초월하는 것이 아니라 강화한다. 재즈는 엄밀한 의미에서 상품이다"라는 그의 평가는 대중문화 일반에 대한 평가와 동일한 궤도 위에 있다.

아도르노에 의하면, 재즈의 일차적인 사회적 기능은 소외된 개인과 긍정적 문화 사이의 거리를 국수주의 이데올로기와 같은 방식으로 줄이려는 데 있다는 것이다. 이것은 개인적 환상이 집단적 환상을 대치한다는 점에서 사이비 민주적이고, 사이비 개인적인 것이다.

베토벤의 간단한 미뉴에트 같은 진지한 음악의 한 부분을 연주하는 재즈 음악가는 부지불식간에 곡을 축약하고는, 정상적인 박자를 지켜줄 것을 요청받으면 거만한 미소를 보낸다. 이러한 속성은, 개별 매체들이 이러한 속성을 점점 노골적으로 추구하고 더욱 과장시키게 됨에 따라 새로운 양식을 이룬다. (『계몽』, p.195)

이러한 그의 발언 속에는 재즈에 대한 반감과 함께 그것이 자연을 패러디하는 상투성의 일종으로 문화산업 속에서 일정한 효과를 생산하는 데 대한 우려가 담겨 있다.

아도르노와 호르크하이머가 미국에서 접했던 재즈는 아마도 흑인들이 만들어낸 저항과 새로움의 정신이 많이 퇴색된, 1930년대 중반 이후에 유행했던 백인들의 '빅 밴드' 음악이었을 것이다. 재즈의 본래적 성격인 작곡의 즉흥성과 밴드 구성원들간에 펼쳐지는 리듬의 자유로운 주고받기 등이 다수 제거된 채, 어떤 '빅 밴드'의 음악은 클래식을 단순하게 변주하거나 레코딩되어 팔리는 것에만 주력했던 것이 사실이다. 그럼에도 불구하고, 재즈에 대한 아도르노와 호르크하이머의 평가는 그들 스스로를 경직된 '문화 엘리트주의'의 틀 안에 묶어두면서 대중문화 속에 있는 해방적 기능을 간과하게 했다.

한편 아도르노와 호르크하이머 시대의 재즈가 대중음악으로 클래식을 일정하게 타락시킨 혐의가 있다고 하더라도, 오늘날의 재즈는(특히 우리나라에서) 오히려 고등교육을 받은 일부 사람들의 특수한 취향 속에 자리잡고 있다. 재즈를 감상하는 것은 이미 클래식 음악을 감상하는 것만큼이나 특별하고 전문적인 것으로 취급되고 있다. 물론 그것 역시 문화산업에 의해 철저히 분석되고 목록화된 특정 대중집단에게 주어지는 하나의 문화상품으로서, '팔리는 것'이라는 점에서는 다르지 않지만.

어떤 의미에서는 대중음악보다 한 시대, 한 사회의 성격을 더 정확하게 반영하는 것은 없다. 대중가요의 가사는 그 시대 대중들의 일상적 욕망을 가장 감각적인 어휘로 표현하며, 그 멜로디는 동시대의

앙 마타뱌, 「재즈」, 1944년

아도르노는 재즈가 어떻게 탄생한 음악인지 몰랐던 것일까. 노예선을 타고 아메리카 대륙으로 팔려온 흑인들의 애환을 잠시 잊었을까. 어쩌면 그는 재즈의 리듬 속에서 '반복'되는 체계의 성격을 읽어냈을지도 모른다. 하지만 재즈는 동일한 것을 기계적으로 반복하는 음악이 아니다. 그 속에는 '차이'를 만들어내는 변주가 있다.

감성을 가장 예민하게 선율화하기 때문에 폭넓은 공감대를 형성한다. 사람들은 듣기 쉽고, 따라 부르기 쉽고, 공감하기 쉬운 대중음악에 쉽게 빠져든다.

어느 시인의 말처럼, 누구나 연애에 실패하면 유행가 가사가 절실해지는 경험을 한번쯤 하게 마련이다. 그때마다 신기하게도 사랑과 이별을 테마로 한 대중음악의 멜로디와 가사가 내 귀에 쏙쏙 들어온다. 마치 나를 위해 준비된 것이기라도 한 것처럼. 그러므로 준비된 것들 속에 내 자신의 욕망을 투사하기만 하면 된다. 문제는 그러한 대중의 욕망이 대중 스스로의 내부로부터 나온 것이라기보다는 특정한 체계의 조작에 의해 만들어지는 것이라는 점이다. 대중들은 패턴화되어 있는 욕망의 형식에 스스로의 욕망을 끼워 맞추면서도, 나에게 맞는 욕망의 형식을 자발적으로 찾아냈다고 생각한다.

보아, 강타, 신화 등등 이름만 들어도 흥분되는 이들 그룹은 모두 한 기획사에 소속되어 있는 멤버들이다. 가수가 노래를 하는 데 기획사라는 것이 왜 필요한 것일까? 하지만 이 기획사야말로 대중음악의 동향과 문화산업의 활동을 한눈에 보여주는 확실한 시스템이다. 일단 그 조직은 대중들의 취향을 꼼꼼히 조사한다. 어떤 외모(가수에게도 외모가 중요하다), 어떤 성격, 어떤 재능을 지닌 멤버들로 구성되어야 그룹이 최대의 효과를 거둘 수 있는지 알아낸다. 그렇게 조사한 데이터를 토대로 그룹은 만들어지는데, 그들이 어떤 음악을 할 것인지는 사실 얼마나 많은 볼거리를 제공할 수 있는지에 비하면 부수적인 고려사항이다.

이런 방식으로 만들어진 대중의 욕망이 보편적인 공감을 얻게 되면 그것은 '유행' 한다. 그들의 음악은 물론이고, 장신구들, 브로마이드, 콘서트장에서의 공연까지 모두 문화산업의 체계 속에서 함께 팔려 나간다. 그러나 그 유행 역시 일정한 시간이 지나면 낡은 것이 되어버리고 새로운 유행이 만들어진다. 문화산업의 체계가 만들어내는 '유행' 의 감각과 속도는 언제나 소비의 감각과 속도를 겨냥하고 있다. 그런 의미에서 대중음악을 둘러싼 시스템이야말로 문화산업 체계의 축소판이라 할 만하다.

선전─자본주의 문화산업의 꽃

팔리기 위해 만들어지는 것이 상품의 고유한 성격이라면, 상품으로서의 문화는 팔릴 수 있는 것이라는 특성에도 불구하고 라디오나 텔레비전 등 각종 미디어를 통과하는 순간 더이상 교환될 수 없는 것, 팔릴 수 없는 것이 되어버린다. 소비자들은 아무런 대가를 지불하지 않고서도 라디오에서 흘러나오는 베토벤을 들을 수 있고, 텔레비전으로 방영되는 히치콕의 영화를 감상할 수 있다. 대가 없는 소비는 교환법칙의 적용을 받지 않으면서도 교환법칙의 체계 아래 묶여 있는 선전과 닮아 있다. 선전은 상품을 팔기 위해서 만들어지는 것이지만, 그 자체는 팔리지 않는다. 그것은 상품과 화폐가 서로 교환되듯이 무엇과 교환되는 것이 아니다. 그럼에도 그것은 상품에 따라다니는, 혹은 상품의 의상과도 같은 무엇이다. 선전은 그 자체로는 소비되지 않지만, 선전이 없다면 상품 또한 소비되지 않는다.

선전은 문화산업의 모든 관계를 확정하고 유지하고 생산하는, 무엇보다도 생산자와 소비자를 하나의 전체로 묶어주는 중요한 역할을 하는 매개체다. 그것은 이제 더이상 상품을 선전하는 데만 머물지 않는다. 욕구의 조작과 지배에 관한 문화산업의 모든 것들이 선전속에 있다. 아름다운 여배우가 선전하는 화장품은 그 여배우의 미와 화장품의 소비를 등치시킨다. 그 여배우가 바르는 화장품을 바르면 당신도 그만큼 아름다워질 수 있다는 메시지를 선전은 끊임없이 보낸다. 소비자들은 이제 더이상 상품 자체에만 관심을 두지 않는다. 구매의 포인트는 그 여배우의 아름다움과 그 아름다움이 주는 사회적 신분과 효과에 있다.

나아가 상품을 보여주지 않는 상품의 선전. 좁고 어두운 골목길을 한 여자가 질주한다. 빠른 리듬의 음악이 흐른다. 거리에는 음산한 바람이 불고, 쓰레기통이 뒤집어지고, 고양이가 놀라서 달아난다. 이윽고 빠르게 이동하던 카메라 렌즈가 아가미를 벌름거리는 도로 위의 물고기 한 마리를 비추면서 페이드 아웃(fade out). 이것이 청바지 광고라는 것을 누군들 상상이나 할 수 있을까. 혹은 청순해 보이는 여자아이가 갯벌에서 무엇인가 찾고 있다. 갯벌에 뚫린 구멍 속을 들여다보기도 한다. 마지막에 찍히는 통신회사 로고. 대체 갯벌탐사와 통신회사가 무슨 상관이란 말인가. 이제 선전은 상품보다는 상품의 혹은 상품을 생산한 업체의 '이미지'를 선전하는 데 골몰한다.

이미지의 광고, 혹은 낯설게 하기의 효과. 이 속에는 상품의 광고라는 선전의 애초의 목적을 넘어서는 무엇이 있다. 적극적으로 소비자를 향한 새로운 이데올로기를 만들어내고 주입하고 생산하지만, 직접적으로 혹은 명시적으로 그것을 표현하지는 않는다.

선전과 문화산업은 동일한 목표를 지닌다. 산만하면서도 고분고분하지만은 않은 소비자를 지배하는 것. "문화산업에서의 선전의 승리는 소비자들이 문화상품을 꿰뚫어보면서도 어쩔 수 없이 거기에 동화되지 않을 수 없다는 것을 의미한다." 아도르노와 호르크하

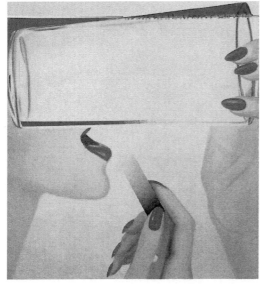

제임스 로젠퀴스트, 『뉴욕』, 1962년

섹시한 입술, 손톱. 이 여자는 누굴까? 누구인지 알아볼 수 없지만 누구일까 궁금하게 만드는 것이 바로 선전의 전략이다. 그녀의 눈을 가린 투명 유리컵에 어떤 카피가 쓰여지면 바로 한 장의 광고 선전물이 완성된다. 어떤 의미에서 선전은 보기좋은 거짓말에 불과하다. 사람들은 그 사실을 너무나 잘 알고 있지만 알면서도 속아넘어간다. '소비'에 대한 어쩔 수 없는 욕구가 그것을 가능하게 만드는 것이다.

이머는 문화산업 속에서의 '선전'의 위치를 일찍부터 정확하게 알아 차렸다.

아도르노와 호르크하이머의 대중문화에 대한 비판은 문화산업을 통해 대중문화의 상식이라는 관념이 '지배'의 심미적 등가물임을 밝히는 데 있었다. 그들은 말한다. "문화란 옛날부터 혁명 또는 야만적 본능을 길들이는 데 기여해 왔다. 산업사회에서 문화는 사람들이 겨우 감당하는 가혹한 삶의 조건을 부단히 연습시키는 역할을 한다." 문화산업의 위력은 인간으로 하여금 그러한 현실을 수락하고 긍정하도록 만든다는 데 있다. 문화산업은 노동의 고단함에 지친 인간 앞에 자수성가형 인물이 등장하는 멜로 드라마와 할리우드식 권선징악을 보여줌으로써, 다시 신화적인 운명이나 상상에 기대는 것만이 이 세계로부터 빠져나갈 수 있는 유일한 길이라고 가르친다. 하지만 그러한 출구는 현실에는 없다.

우리 시대의 계몽은 예전처럼 직접적으로 가르치려 하지 않는다. 계몽은 이제 더이상 선생이 아니다. 그것은 이제 문화산업이라는 무대 위에서 매번 다른 옷을 갈아입고 우리 앞에 등장하는 배우일 뿐이다. 하지만 그것은 배우의 얼굴을 한 감시자이고, 지배자이다. 사람들은 텔레비전과 신문과 영화로부터 자유로워질 수 없다. 그리고 그것으로부터 자유로워질 수 없는 한, 그것들이 매순간 발신하는 메시지, 즉 지배 이데올로기로부터도 자유로워질 수 없다. 그것은 이미 우리 삶의 일부로 우리의 삶을 지배하고 조작하고 관리한다.

문화는 "항상 사회의 실제적 삶의 과정과 관계를 맺으면서 존재"해 왔고, 앞으로도 그런 식으로 존재할 것이다. 때문에 지금, 문화에 대해 이야기한다는 것, 더군다나 비판적으로 이야기한다는 것은 항상, 이미 주류화되고 제도화된 문화를 거역하는 것, 그리고 그것을 뛰어넘는 새로운 문화의 가능성을 꿈꾸게 하는 것이다.

6장
파시즘은 어떻게 만들어지는가

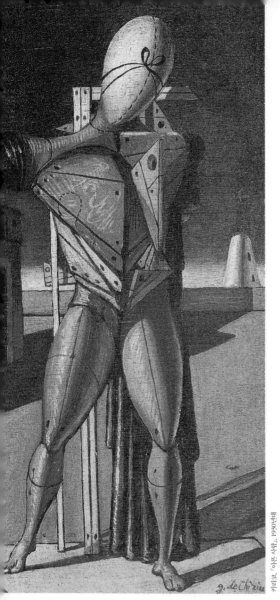

키리코, 「어느 사람」, 1930년대

팔이 잘린 채 가슴에 나무토막을 꽂고 있는 그는 반쯤은 인조인간처럼 보인다. 눈, 코, 입이 없으므로 보고 듣고 지각하고 판단할 수 없다. 팔이 없으므로 손을 들어 의사를 표현할 수 없고, 긴 나무토막에 묶여 있기 때문에 그의 신체는 자유롭게 움직일 수조차 없다. 파시즘이 만들어낸 익명의 대중, 그는 지금 아프다.

1. 파시즘에 관한 일상적 사례 보고

하나

여자의 몸을 이처럼 사회 전체의 노리개로 삼아도 되는 것인가. 나는 이영자에게 쏟아지는 도덕적 분노가 두렵다. 이 분노는 폭소와 야유를 동반한, 즐거운 분노로 보인다. 이영자에 대한 분노는 사회 정의도 아니고 언론의 자유도 아니며 민주주의도 아니다. 그렇다면 이 폭소를 동반한 분노는 무엇인가? 그것이 바로 파시즘이라는 것이다. (김훈, 『아들아 다시는 평발을 내밀지 마라』)

온 사회가 한 여자 연예인의 몸매 때문에 술렁거렸다. 그녀는 여성으로서는 쉽게 회복될 수 없는 상처를 입었고, 자신의 꿈마저 반납해야 했다. 하지만 예전에 그녀의 개그를 보며 웃었던 사람들은 이제 그녀의 망가진 모습을 보면서 깔깔거린다. 화를 내는 척하면서 조소한다. 왜 웃느냐고, 왜 화를 내느냐고 물으면, 그녀의 '도덕심'만을 문제 삼는다.

그녀는 여자는 예쁘고 정숙해야 한다는 사회의 보편적 논리에 흠집을 냈지만, 정작 그때는 아무도 그녀를 위험스럽게 여기지 않았다. 그녀 자신이 스스로를 희화화시키며 사람들을 안심시켰기 때문이다. 사람들은 '웃음거리'에 대해서는 관대하다. 그것이 결코 위협적이지 않다는 것을 알기 때문이다. 하지만 그것이 '정상적인' 자신들의 세계 안으로 편입해 들어오거나, 습속의 룰을 깨뜨렸을 때는 결코 용서하지 않는다. '특수한 것'은 열등한 채로 남아 있어야 한다.

둘

제 고교시절 수학 선생님은 심한 전라도 혐오증을 가지고 계신 분이었습니다. 수업시간에 문제를 못 푸는 학생을 때리면서 "니 전라도 사람이가? 왜 이렇게 멍청하노?"라고 물으시고, 반 성적이 개판이면 "이렇게 공부 못할거면 전부 전남대, 조선대나 가라. 서울서 꼴등해도 거기 의대는 간다"고 말씀하시던 분이었죠. 세상이 시끄러운 사건이라도 하나 생기게 되면 그날 수업시간의 절반은 자신이 해병대에서 전라도 고참에게 수난을 당한 사연을 들으며, 그 모든 사회악의 근원에 전라도가 있음을 귀에 못이 박히도록 들어야만 했습니다. 그러나 정말로 제가 참을 수 없었던 것은 가끔씩 그 선생님께서 "혹시 이 반에는 전라도 없지?"라고 물으실 때였습니다.

광주에서 1980년에 천여 명이 넘는 사람들이 학살당했습니다. 헌

혈을 하러 가던 여중생이 총탄에 맞아 죽고, 백주대낮 시내에서 임산부가 가슴이 도려진 채 죽어갔습니다. 그렇게 죽은 사람들은 모두 누구집 막내딸, 선배 형수, 이웃집 사촌동생뻘 되는 사람들이었습니다. 어떻게 그런 일이 잊혀질 수 있겠습니까. 그 학살이 지나간 후, 누가 벌을 받았나요? …… 대통령 선거 결과를 놓고 말들이 많습니다. 인터넷 게시판마다 전라도 사람들을 비판하는 글들로 넘쳐 납니다. 그 글들의 전체적인 맥락은 '전라도 사람들은 지독한 족속들이다. 그 광신도들은 90%이상 몰표주는 게 특기다. 역시 전라도는 상종 못할 족속들이다' 라는 것입니다. 왜 전라도 사람들은 95%의 표를 노무현에게 던졌을까요? 이들에게 왜 아무도 한나라당을 지지하지 않느냐는 질문은 왜 유대인 중 아무도 나치를 사랑하지 않으며, 왜 한국인 중 아무도 일본 식민지배의 타당성에 동의하지 않느냐고 묻는 것과 비슷합니다. 형과 누이를 살해한 집단이 여전히 그들의 이름을 내세우면서 떵떵거리고 살아가며, 죽음당한 이들을 다시 욕보이며, 너희들은 죽어도 싼 백성이라고 지금까지 떠들어대고 있습니다. 구경꾼들은 …… 그냥 그런가보다 할 뿐이지요. 오히려 거들어 가며 가슴에 더 지독한 비수를 꽂기도 하지요. ('95%의 진실', 「오마이뉴스」독자 투고란에서)

한국사회의 문제를 논하는 많은 사람들이 '지역주의'를 말한다. 정확히, 지역 이기주의다. 그들은 특정지역과 또 다른 특정지역 간의 감정싸움이 한국 현대사의 질곡의 원인인 것처럼 이야기한다. 이것은 불공평한 양비론이다.

역사적으로 나치가 그들의 정치적 목적을 위해 유대인들을 활용했던 것처럼, 비정상적인 방법으로 정권을 찬탈한 통치자들에 의해 희생된 전라도는 그 자체로 파시즘의 제물이다. 전라도에 대한 불편한 감정은 단순히 경상도에만 있지 않다. 그것은 우리 사회 어디에서나 일상적이고 암묵적으로 존재한다. 한국 사회 전체가 전라도와 비전라도로 나뉘어 있는 것 같다. 아무도, 왜, 무엇 때문에 전라도를 싫어하는지 모른다. 그저 팔짱 낀 채 수수방관할 뿐이다. 바로 그 순간 자신이 파시즘의 동조자가 된다는 것은 모른 채.

셋

"한국에 왔을 때 나는 '하룻밤을 사는 것'이 뭔지 몰랐어요. 그들이 나한테 한 것이라고는 나를 속이고 성매매 여성으로 판 것뿐입니다." 필리핀 여성 레지(가명, 24)는 지난해 3월부터 6개월 동안 경기 의정부의 한 기지촌 클럽에서 일한 날들을 떠올리면 몸서리가 쳐진다. 한글 서류에는 무대에서 춤만 추면 된다고 써 있다는데, 레지는 술과 몸을 팔아야 했다. 7월부터 11월까지 필리핀 민간단체 활동가 등 외국인 3명이 서울 이태원과 경기 의정부·평택·동두천 기지촌의 클럽 31곳에서 일하거나 도망친 필리핀 여성 70명을 대상으로 실태조사를 한 결과는 대부분 비슷했다. 성매매 강요, 폭행, 한 달에 하루뿐인 휴일, 긴 노동시간, 벌금 착취, 월급 주지 않기 등이 그것이다. (「한겨레신문」 2002. 12. 21)

모든 편가르기는 나쁘다. 남자와 여자, 전라도와 경상도, 내국인과 외국인, 자본가와 노동자……. 편가르기에는 반드시 우열관계가 존재한다. 그 우열관계 속에서 우수한 것은 선한 것, 열등한 것은 악한 것이 된다. 이것이 파시즘의 도덕적 명분이다. 열등한 것은 무시되고, 학대받고, 착취당한다.

파시즘은 특정한 역사적 국면에서 탄생하고 사라져간 과거의 흔적이 아니다. 파시즘은 여전히 우리의 삶 속에 살아 있는 문제다. 다수의 제도적 질서로부터 벗어나 있는 소수적인 것들에 대한 편견과 배척, 이른바 보편주의의 폭력 속에서 우리는 파시즘의 얼굴을 본다. 가부장적 지배질서 속에서 영원한 타자로 사는 여성들, 정신적 · 육체적 질환을 가진 환자로 취급되는 동성애자들, 피부색만 다를 뿐인 가난하고 힘없는 이주 노동자들 등등. 파시즘은 '다른 것' 혹은 '차이'를 대하는 계몽의 공포와 히스테리다. "파시즘이 살아 숨쉰다는 사실은 결국 파시즘이 처음 등장했을 때와 동일한 소외 관계가 살아남아 계속 존재해 왔다는 것, 그때와 동일한 객관적 조건들이 여전히 존재한다는 것을 의미한다"는 아도르노의 말은 여전히 의미심장하다.

2. 불안은 영혼을 잠식한다

계몽적 이성은 말과 사물을 분리하고 언어를 추상화함으로써 체계를 만들어낸다. 언어화할 수 없는 것, 즉 말로 표현할 수 없는 것이나 계산 불가능한 것을 이성은 존재하지 않는 것, 혹은 무가치한 것으로 취급하면서 동질성의 체계를 강화하고 그 속에서 보편성을 만들어낸다. 하지만 우리는 경험상 '말로 표현할 수 없는 것'이 있다는 것을 안다. 이를테면 어떤 감정이나 특수한 정서를 표현하는 것은 언제나 난감하다. 좋다, 싫다, 춥다, 덥다 등의 취향이나 감각은 동일한 범주로 묶기에 쉽지 않은 아주 미세한 차이를 지니고 있는 것임에도 불구하고 그것을 표현할 수 있는 형식은 제한되어 있다. 또 감정이나 정서를 표현하는 것까지는 할 수 있다고 하더라도 그 이유를 논리적으로 설명하는 것은 쉽지 않다.

"난 그가 싫어! 말로 설명할 수 없는 '어떤 느낌' 때문인데, 하여간 나도 어쩔 수 없다니까"와 같은 말들을 우리는 일상에서 쉽게 주고받는다. 그 말로 설명할 수 없는 '어떤 느낌'이 특정 대상을 향한

'병적인 혐오'가 될 때 '이디오진크라지'가 발생한다. 이디오진크라지는 말로 설명할 수 없지만 분명히 존재하는 감정이라는 특성 때문에 그 동안 파시즘의 정서를 합리화시켜 주는 근거로 활용되어 왔다. 그러므로 아도르노와 호르크하이머는 "사회가 반유대주의로부터 해방될 수 있는가의 문제는 이디오진크라지의 내용을 개념으로 끌어올려 그 무의미성을 자각시킬 수 있는가 없는가에 달려 있다"고 말한다.

그들이 보기에 이디오진크라지가 특히 문제적인 것은 그것이 '특수자'를 향하기 때문이다. 특수자, 즉 한 집단의 보편적 성격과 다른 성격을 지닌 소수자이며 동일성의 논리에 포섭되지 않는 문제적 인물인 그들은, 지배자들이 보기에 사회에 불편을 끼치는 존재이자 잠재적인 혁명세력이다. 동성애자, 소수민족, 언더그라운드 마니아 등등 기존의 질서로부터 벗어나 새로운, 혹은 전혀 다른 질의 삶을 살고자 하는 자는 누구나 '특수자'다.

영화 「불안은 영혼을 잠식한다」에서 에미와 알리를 대하는 사람들의 태도에는 이러한 동질성과 배타성의 심리가 고스란히 들어 있다. 아랍계 청년인 알리는 독일에 와서 외롭고 쓸쓸한 하루하루를 보낸다. 어느 날 우연히 찾은 카페에서 혼자 쓸쓸히 앉아 있는 독일인 할머니 에미를 만난다. 그들은 서로의 어려움을 한눈에 알아보고 함께 생활하게 되지만, 가족과 이웃주민들은 그들에게 불편한 심기를 노골적으로 드러낸다. 나쁜 소문이 돌고, 사람들은 수군거린다. 그들에게는 연상의 게르만족 여자와 가난한 연하의 이민족 청년 간의 사랑은 받아들여질 수 없는 것이다. 이제 사람들은 나와 직접 상관없는 타인의 일에 대해서까지도 '나와 다르다!' 는 이유만으로 히스테리를 부린다. 시간이 흐르고 이웃들은 알리의 착실함을 신뢰하기 시작하지만, 바로 그 순간 알리는 자신이 '결코 받아들여지지 않을 것' 이라는 사실을 깨닫는다. 그는 단지 구경거리에 지나지 않았던 것이다.

그런데 왜 이디오진크라지가 '병적인 혐오' 와 연관될까. 계몽은 개념화할 수 있는 것, 보편적인 것을 자연스러운 것으로 간주하는데, 그 범주에 포섭되지 않는 것들은 "인간의 깊은 곳으로 파고들면서 작용을 하기 때문에 어쩔 수 없는 혐오감을 불러일으키는" 것이다. 그러나 이러한 감정은 생물학적으로 인간에게 주어져 있는 것이 아니라 철저히 문명화 과정에서 만들어진 것이다. 계몽은 인간의 육체를 '반복' 되는 경험과 교육을 통해 계몽적인 육체로 만들어 간다.

수천 년 동안 지배자들이 그의 후예나 지배받는 대중에게 미메시스적 존재방식으로 돌아가는 것을 엄격히 금지하는 것은 문명의 조건이다. 사회 또는 개인의 교육은 인간에게 노동이라는 객관적인 행동방식을 강화하며, 인간이 긴장을 풀고는 자연의 다양성 속으로 용해되어버리는 것을 막아준다. (『계몽』, p. 271)

'미메시스적 존재방식' 이란 몸으로 자연에 동화되고자 하는 태도인데, 이러한 태도는 계몽이 만들어낸 합리적이고 계산 가능한 체계의 요구와는 대립되는 것이다. 문명은 미메시스를 합리적인 실천인 노동으로 대치하며, 제어되지 않는 미메시스는 추방한다. 계몽의 지배자들은 피지배자들의 육체를 통제하고 훈육함으로써 문명이라는 관리의 체계를 보편적인 것으로 인식하도록 한다. 푸코가 말했던 감옥과 군대, 학교 속에서의 공간적 배치와 시간의 분할은 '명령'에 순종하는 신체를 만들어내는 대표적인 체계의 학습장이다. 아도르노와 호르크하이머는 다양한 것을 동일한 것 속에 집어넣는 이러한 경직화된 체계 속에서 자아가 형성되는 것이라고 말한다.

자연으로 돌아가려는 '미메시스적인 충동'은 인간의 내면에 잔재해 있지만, 거대한 자본주의 시스템에 포섭되어 있는 한 인간은 이를 잊어야만 한다. 합리적이고 냉철한 사고방식만이 체계 내에서 자신을 유지할 수 있는 방법이기 때문이다. 이성이 아닌 다른 것, 즉 감수성이나 본능 같은 인간의 또 다른 본성은 더이상 인간의 조건이 될 수 없다. 따라서 이성의 체계를 포섭할 수 없는 본성들은 인간의 내면 안에서 무의식의 세계로 추방된다. 마치 원래부터 존재하지 않았던 것처럼. 역설적이지만 반유대주의는 이러한 금지된 충동을 자신을 실현하기 위한 수단으로 삼았다. 충동의 발산이 독재자에 의해 허용되는 순간 반유대주의자들은 외부에 존재하는 하나의 목표물을 찾는다. "이로써 그늘은 공동 목적을 가진 공동체가 되"고, "집단에 의해 객관적으로 보증된 광기에 소속의식을 가지고 열성적으로 매달린다". 이때, '합리화된 이디오진크라지'는 그들의 활동에 도덕적 명분을 부여한다. 누군가를 미워하는 데 그럴듯한 이유가 붙여지는 것이다. 문제는 그때의 이디오진크라지가 자생적으로 만들어지는 것이 아니라, 미리 계산되고 조작되어 특정한 효과를 불러일으킨다는 점이다. 때문에 이것은 자연에 반하는, 자연에 대항해 만들어진 경직된 미메시스이며 가짜 충동이다.

> 뿌리 없는 유대인과는 달리 든든한 뿌리를 내리고 있는 이 고상한 인간들은(파시스트들—필자) 자신들이 평등하고 인간적이라는 점에서 유대인과는 다르다는 점을 알고 있지만, 유대인이 갖고 있는 '대립과 낯섦'의 감정에 유혹을 느낀다. 그리하여 터부시된 충동들, 즉 지배질서를 유지시켜 주고 있는 '노동'과는 다른 반대 방향으로 치닫는 충동들을 체제 순응적인 이디오진크라지로 전환시킨다. (『계몽』, p. 277)

이디오진크라지는 정신병리학에서 이야기하는 편집증과 연결된다. 프로이트에 의하면, 편집증의 증상 형성에서 가장 두드러지는 특징은 '투사'(projection)이다. 투사는 다른 사람들도 나의 태도나 감정 등과 똑같은 것을 가졌다고 단정하려 드는 경향을 말하는데, 주체가 특정한 대상에게 지니는 애착과 적의라는 양가적 감정으로부터 자신을 지키기 위한 방어 과정에서 일어난다. 여기서 애착과 적의라는 양가적 감정은 그 대상에 대한 '공포'를 포함하는 감정이며, 이때 적의의 감정은 대부분 무의식적인 것이다. 파시즘의 이데올로기는 무의식적인 적의의 감정을 의식화시키고, 논리적으로 체계화시킨, 비정상적이고 병적인 투사이다. 물론 투사는 편집증에서만 나타나는 것이 아니다. "우리가 바깥 세상에 대해 가지는 태도에는 투사가 항상 자리를 차지하고 있다. 즉 우리가 어떤 감각의 원인을 바깥 세상에서 찾으려 하고 자신의 속을 들여다볼 생각은 하지 않을 때"에도 투사의 과정은 발생한다.

아도르노와 호르크하이머는 파시즘의 편집증이 정치적인 국면에만 집중되는 것은 아니라고 말한다. 고립된 자기 유지의 틀인 '잘못된 투사'의 가능성은 모든 국면을 향해 열려 있으며, 이는 자신의 외부에 존재하는 모든 것을 지배하려는 위험성을 내포하고 있다는 것이다. '잘못된 투사'가 정치와 결합할 때 파시즘을 만들어내듯이 일상 속에도 잘못된 투사의 징후들은 충분히 발견된다. 이때 '정신'이 저지를 수 있는 '잘못된 투사'의 가능성은 '어설픈 교양'으로부터 비롯된다고 이들은 말한다.

사람들은 자신의 생각이 혼자서만 믿고 있는 광기가 아닌가 하는 불안 때문에 집단에 가담한다. 투사를 통해 그는 어디서나 뜻을 같이하고 펼치는 동참자들과 선교자들을 본다. 집단을 만든 사람들은 집단 밖의 사람에 대해서는 계속 편집증적인 태도를 취한다. ⋯⋯

편집증은 어설픈 교양인의 징후다 …… 단순한 무(無)교양과는 달리 제한된 지식을 진리라고 강변하는 어설픈 교양은 참을 수 없는 지경에 이른 내면세계와 외부세계의 분열, 개인적인 운명과 사회법칙의 분열, 현상과 본질의 분열을 견디지 못한다. (『계몽』, p. 293)

계몽의 목적이 지식을 통해 공포로부터 해방되는 것에 있다고 했을 때, 근대인은 사물에 대한 일반적 지식에 해당하는 교양을 통해 외부세계와 관계 맺는다. 어설픈 교양은 반성적 사유가 불가능한 정신이 철저한 의심과 사유 없이 일반적 지식을 수용할 때 생겨나는 것이며, 문화산업 시대의 사이비 개성 속에서 만들어지는 것이다. 사이비 개성이 주체의 고유한 특이성 속에서 형성되는 것이 아니라, 문화상품에 익숙해지고 문화산업이 만들어낸 이데올로기에 감염되면서 만들어지는 것인 만큼, 이것은 '남들과 다른 나'의 표현이 아니라 '남들을 모방하는 나'로 전도된다. 이러한 사이비 개성을 지닌 주체의 '어설픈 교양'은 '남들과 다른 것'에 대해서 불안과 공포를 느낀다. 불안과 공포는 이제 미지의 것, 낯선 것에 대해 느끼는 감정이 아니라, 익숙하지만 남들과 함께 할 수 없는 상황, 즉 소외로부터 생겨난다.

도스토예프스키는 「지하생활자의 수기」에서 진정한 개성을 지닌 자가 '지하생활자'로 전락할 수밖에 없는 사회적 구조와 계몽의 한계에 대해 통렬하게 이야기했다. '나는 외톨이인데 저들은 모두 한통속이구나!'라고 외치는 지하생활자의 탄식은 그런 면에서 의미 심장하다. 그는 사람들이 어떤 생활을 하는지 알고 있다. 사교계의 모임에서 어떤 일이 벌어지고, 사람들이 어떤 방식으로 관계 맺고, 어떻게 이합집산을 거듭하는지. 때문에 그는 환멸한다. 그의 지하생활은 어설픈 교양인들의 세계로부터 자기를 보호하기 위한 방편이다. 사람들은 2×2＝4가 진리인 세계에 속해 있지만, 그는 그것을 끊임없이 의심한다. '왜 2×2＝5가 아닌가!' 도스토예프스키는 아도르노와 호르크하이머가 '후기자본주의 시대의 객관정신'이라고 말한 '어설픈 교양'의 징후를 19세기 중반에 이미 예감했다.

> 지배가 총체화되는 국면에 오면 이러한 어설픈 교양은 편협한 정치 협잡꾼들과 함께 최후의 비상수단으로서 광기의 체계를 불러들이며 문화산업에 의해 이미 시들시들해진 관리되는 다수에게 그러한 비상조치를 강요한다. (『계몽』, p. 296)

아도르노와 호르크하이머가 분석했듯이 파시즘의 시대가 온 것이다. 도스토예프스키의 예감은 적중했다. 지하생활자는 예외적인 인물이다. 사람들은 항상 어딘가에 속하고 싶어하기 때문이다. 누구나 자기 내부와 외부세계의 분열을 이기지 못할 때, 즉 남들과 다른 나에 대한 불안을 극복하지 못할 때 적극적으로 어딘가에 속하고 싶어한다. 어딘가에 속하지 못한다는 것은 '정상성'과 '보편성'으로부터 벗어나 있다는 것의 표지라고 생각하기 때문이다. '어디든 비집고 들어가야 한다!' 학교에, 직장에, 교회에, 서클에 등등. 소속감에 대한 강박은 내부적인 문제이지만, 타인에 대한 동질성과 배타성의 태도 속에서도 나타난다. 나와 같은 집단에 속해 있는 사람은 '친구'이지만, 그렇지 않은 사람은 모두 '적'이다.

'티켓'은 이러한 소속감에 대한 불안심리를 이용한 것이다. 사람들은 어떤 집단에 직접 참여하지 않으면서도 그 일원이라는 심정으로 특정 정당에 투표를 하고, 단체에 성금을 내고, 모임의 활동을 관찰한다. 사람들은 티켓을 구입함으로써 소속감을 느낄 수 있지만, 그 티켓 속에 들어 있는 지배의 법칙과 이데올로기의 허위성을 정확히 포착할 수는 없다. 왜냐하면 티켓은 세부적인 것을 말하지 않기 때문이다. 투표용지와 단체의 후원회비 영수증과 극장의 할인 티켓 등은 모두 같은 것을 겨냥한다. 여러 가지를 섞어놓음으로써 문제가 될 만한 것은 그 속에서 희미해지거나 크게 주목받지 못한다. 여러 장르의 영화를 묶어서 한꺼번에 볼 수 있도록 되어 있는 심야영화의 할인 티켓을 우리는 값이 저렴하다는 이유만으로 구입해서, 티켓이 아니면 절대로 보지 않을 영화까지도 감상한다. 보고 싶은 영화가 그 속에 들어 있기 때문에 나머지는 덤이라고 생각한다. 어떤 정당의 모든 정책들을 알지는 못하지만 그 중 몇몇이 내게 관심있고 이익이 된다는 이유만으로 그 당에 투표한다. 그리고 각 개인의 이러한 심리는 특정한 상황에서 "파시즘 전체를 하나의 티켓으로 묶은 입장표를 사는 것, 호전적인 대기업의 슬로건에 동의하는 것으로 대치된다".

'티켓'은 정확한 계산과 조사를 통해서 만들어진다. 티켓의 제작자는 지금 사람들이 원하는 것이 무엇인가, 그 속에 숨어 있는 심리적 메커니즘은 무엇인가에 항상 예민한 촉수를 들이댄다.

반유대주의를 하나의 요소로 포함하고 있는 반동 티켓은 파괴적이고 인습적인 증후군에 맞추어진 것이다. 유대인에 대한 거부반응은 본래부터 존재했었다기보다는 사람들이 가지고 있는 파괴적인 인습적 충동요소가 정치 티켓에 의해 정확한 목표물을 발견한 것이라고 할 수 있다. (『계몽』, p. 308)

티켓적 사고는 사람들로 하여금 스스로 생각하고 판단하게 하기보다는 주어진 조건들을 무비판적으로 받아들이게 한다는 점에서 문제적이다. 파시즘과 같은 반동적 티켓은 말할 것도 없고, 진보적인 티켓도 권력장치의 구조 속에서는 피상적인 명분으로 변질될 우려가 농후하다. 티켓 속에는 비슷비슷한 항목들이 묶여 있기 때문에 사람들은 그 중 한두 가지만 알아도 그것 전체를 다 알고 있는 것처럼 착각한다. 경험의 부재가 티켓 속에서는 무화(無化)된다. 사람들은 필요에 따라, 혹은 민주적 절차에 따라 정당하게 티켓을 구입할 뿐이라고 생각한다. 그 티켓의 결과에 대해서는 아무도 책임지지 않는다. 아무도 전체를 보지 못하므로 양심의 가책을 느낄 필요도 없다.

"반유대주의적인 티켓이 반유대주의를 초래한 것이 아니라 티켓적인 사고를 하는 심성 자체가 반유대주의적인 것"이라는 아도르노와 호르크하이머의 말처럼 티켓적 사고, 즉 반성이 결여된 도구적 이성의 수동적 사고가 파시즘을 만들어낸다. 1933년 독일에서 나치가 집권할 수 있었던 것은, 그리고 우리나라에서 오랫동안 극우 보수주의 정당이 집권할 수 있었던 것은 모두 이러한 티켓의 성질에 무감한 사람들의 태도와 그것을 교묘히 이용한 지배의 논리 때문이었다.

프로이트가 쓴 「편집증 환자 쉬레버」의 이야기는 반유대주의가 보여주는 '잘못된 투사'를 이해하는 데 많은 시사점을 주는 글이다. 판사였던 쉬레버는 대단히 도덕적이고 근면한 인물이었지만, 발병한 이후에 스스로를 신적인 존재라고 여기며 '세상을 구원해야 한다'는 망상에 시달리거나, 여자로 변해서 관능적인 만족감을 맛보고자 했다. 그는 신에 대해 여성적인 태도를 가지게 되었고, 자기가 신의 아내라고 느꼈다. 프로이트는 이 환자의 증상을 분석하는 과정에서 여성이 되고자 하는 쉬레버의 증상에서 담당 의사였던 플렉지히에 대한 동성애적 리비도의 발생을 발견했다. 쉬레버에게 있어 신과 플렉지히는 같은 존재였다고 프로이트는 말한다. 물론 이 사이에는 아버지에 대한 유아기적 갈등이 숨어 있다. 아버지로부터 받은 거세에 대한 위협이 그에게 여자로 변형되고자 하는 환상을 제공했다는 것이다. 쉬레버의 아버지는 당시 독일 사회 체육학계에서 저명한 의사였다. 그는 젊은이들의 잘 조화된 성장을 위해 집과 학교에서 하는

교육을 조정하도록 권장하는 한편 좋은 건강 상태를 위해서 체육과
노동을 장려하는 등의 활동을 했다.

다니엘 고트롭 쉬레버는 독일에서 기능회복 프로그램을 창시하여,
자라나는 아이들의 체격이 왜곡되는 것을 방지·교정하기 위한 운
동방식을 고안했다. 그의 지도 원칙은 결국, 신체를 바른 자세로 유
지하는 것이었다. 1859년에 그는 인체의 적정한 발육을 위해 자신
이 목표로 삼은 것을 공표했다. 그 목표는 상반신과 하반신, 그리고
좌우의 균형을 잡는 것이었는데, 이렇게 되기 위해서는 젊었을 때
강제적으로라도 적절한 교육을 시켜 신체의 '균형'을 이루게 함으
로써, 성인이 되어서도 무의식적으로 이러한 신체를 유지하게끔 해
야 했다. "모든 자세와 동작에 고귀한 긴장을 주기 위해서는 신체의
어떤 부분이라도 소홀히 해서는 안 된다." 그렇게 균형잡힌, 견고한
육체의 발달을 촉진하기 위해서 쉬레버는 일정한 체조법을 만들고,
표준에서 벗어난다고 생각되는 아이들을 정상으로 되돌리기 위한
고정기구도 발명했다. ······ 쉬레버는 이런 기구를 자신의 아이들에
게도 시험했다. (스티븐 컨, 『육체의 문화사』)

근대 국가 건설의 핵심적인 내용은 '국민 만들기'이다. 우리에
게 익숙한 '건강한 육체에 건강한 정신'이라는 캐치 프레이즈에서도
볼 수 있는 것처럼, 국민 만들기의 요체는 '건강한 육체'에 있었다.

하지만 이때의 '건강한 육체'는 주체의 자발성에 의한 것이 아니다. 그것은 쉬레버의 예에서 볼 수 있는 것처럼 지배의 체계, 즉 학교나 가정 등에서 이루어지는 훈육에 의해 '만들어진' 신체이다.

서구의 역사에서 인간의 육체가 어떻게 생각되고 다루어져 왔는지를 문화적 관점에서 이야기했던 스티븐 컨에 의하면, 쉬레버의 경우는 "인체의 자유로운 발달과 육체의 즐거움을 금지했던 많은 사회적 압력이 존재했음"을 말해주는 대표적인 사례이다. 쉬레버의 망상 체계의 내용은 자신이 거세되고 여자가 되어, 신의 빛을 받아 '우수한 인종'을 생산할 수 있게 되는 것이었다. 쉬레버의 편집증적 망상인 '우수한 인종의 생산'은 히틀러가 말했던 게르만족의 우수성과 결코 멀리 있는 말이 아니다. "모든 자세와 동작에 고귀한 긴장을 주기 위해서는 신체의 어떤 부분이라도 소홀히 해서는 안 된다"는 말은 "모든 사람을 돌보아야 한다"는 문화산업의 전략과 다르지 않다. 그리고 그것은 바로 모든 것을 체계 안에 포섭해야 한다는 계몽의 논리이고 지배의 성격이다.

파시즘이 보여주는 잘못된 투사는 병적인 외부세계를 올바른 것으로 취급하고, 광기의 체계를 이성적인 규범으로 규정하면서, 그러한 체계로부터 일탈하는 것을 노이로제 취급한다. '신체 만들기'와 관련된 쉬레버의 경험이 스스로에 대한 '억압'으로 인해 편집증을 불러일으켰던 것처럼, 파시즘의 광기는 스스로가 지닌 질병을 반유대주의 속으로 투사했다.

3. 유대인은 어떻게 문제아가 되었나

우리는 신화를 창조했다. 그 신화는 하나의 신념, 하나의 열정이다. 그것이 현실일 필요는 없다. 그것은 자극이자 희망이요, 신념이자 용기이며, 이런 의미에서 하나의 현실이다. 우리의 신화는 민족이며, 민족적인 것의 위대함이다! …… 우리에게 민족이란 단지 영토가 아니라 영적인 것이다. …… 국가는 이런 민족의 영적인 힘을 현실로 바꿀 때 위대해진다. (무솔리니, 「나폴리 연설」)

공장 내부에는 전근대적이면서 전원풍의 민족적 정서를 표현한 벽화가 그려져 있었다. '노동의 아름다움' 사무국은 공장의 현관과 출입구를 중세적 도상을 채용한 철제문으로 만들도록 독려했다. 생활체육 단체인 '즐거움으로 힘을'은 너른 해변으로의 근대적인 고속 바다여행을 추진했고, 중세의 풍경 구석구석 사동차로 소풍을 떠났다. 한편 독일의 아우토반 프로젝트는 자연과 조화롭게 어울려지는 모습을 보여주기 위해 전망이 아름다운 지역을 통과하도록 세심하게 계획되었다. 이 점에서는 파시스트 이탈리아의 고속도로도 마찬가지였다. 그리고 스와스티카는 영속적 운동과 총동원의 상징이었던 만큼이나 전근대적 상징이자, 근대적인 것 안에 고전적인 것이 섞인 융합적 결합이었다. (마크 네오클레우스, 『파시즘』)

나치 정권의 핵심 인물이었던 괴벨스는 1933년 나치가 독일에서 정권을 장악하자 다음과 같이 말했다. "이제부터 1789년은 역사에서 삭제된다." 1789년, 계몽주의의 세례를 받은 프랑스의 부르주아들과 절대왕조의 폭정 아래에서 신음하던 민중들이 '빵'과 '자유'를 외치며 거리로 뛰어 나왔다. 프랑스 혁명, 이 사건을 계기로 '이성'을 자기 존재의 근거로 삼는 '시민'이 세계의 중심이 되는 권력의 지각변동이 일어났고, 중세적 의미에서의 계급제도는 철폐되었다. 그런 의미에서 괴벨스의 발언은 시사적이다. 파시즘의 등장이 자유와 진보를 향한 계몽의 의지를 거스르고 역사의 시계바늘을 뒤로 돌리는 문명의 퇴보였다는 것을 스스로 선언했다는 점에서.

민족, 전쟁, 국가사회주의, 홀로코스트 ……. 파시즘을 생각하면 떠오르는 단어들이다. 무솔리니의 말에서 볼 수 있는 것처럼, 파시즘은 민족을 만들어내기 위해 신화를 불러왔고, 그 신화와 결합된 민족을 선동해서 전쟁을 일으켰다. 파시즘의 힘으로 어떤 민족은 다른 민족을 가책 없이 가스실에서 살해했고, 그것을 정당화하기 위해 '노동의 아름다움'과 '즐거움으로 힘을'을 만들어냈다. 이 모든 것들은 철저히 하켄크로이츠(卐hackenkreuz) 아래에서 행해졌고, 계몽의 절차 속에서 진행되었다.

정치적 이데올로기로서의 파시즘은 1차 대전 이후의 경제 불황과 정치·사회적 불안 속에서 만들어졌다. 민족과 민족 공동체의 이름으로 전체를 하나의 형식으로 조직한 그것은, 다수의 이름으로 소수를 억압하지만 결국 소수를 위해 다수를 억압하는 지배의 이데올로기다. 그것은 이성을 불신하고 인간의 비합리적이고 감정적인 요소에 호소한다. 아도르노와 호르크하이머가 '문화산업'에 대해 강조했던 것도, 그것이 산업 자본주의의 논리와 결합된 파시즘의 지배 이데올로기를 적극적으로 전파하면서 대다수 사람들의 이성을 마비시키고 획일화시켰기 때문이다. 획일화되고 도구화된 이성은 반성 없이 집단 속에서 잘못된 명령을 수행했다. 민주주의의 기본 원칙인 자유와 평등을 부정하고 인종주의와 제국주의와 결탁함으로써.

파시즘을 성(性)의 문제와 연결시켰던 라이히(W. Reich)의 이론은 아도르노와 호르크하이머의 반유대주의 논의와 많은 부분에서 닮아 있다. 그가 『파시즘의 대중심리』에서 말했던 "권위주의적인 기계문명 속에서 억압된 인간의 정서적 태도이며 기계론적이고 신비주의적인 생활개념"으로서의 '파시즘'은 아도르노와 호르크하이머가 이야기하고자 하는 바의 핵심과 통한다. 그러나 라이히는 어떤 개인도 자신의 내면 속에 파시스트의 감정과 생각의 요소를 가지고 있지 않은 사람은 없다고 말하면서 파시즘을 보다 일반적인 개념으로 확장시킨다. 그에 의하면 파시즘은 특정 시기, 특정한 개인에 의해 만들어지고 무능력한 대중이 그것을 맹목적으로 추인하는 과정에서 만들어진 것이 아니라, 국민 대중의 지지 속에 탄행한 것이다. 이것은 '문화산업'이 지배하는 '관리되는 세계' 속에서 수동적 인간으로 전락한 근대인이 파시즘의 이데올로기 속으로 저항 없이 빠져 들어갔다고 말하는 아도르노와 호르크하이머의 논의와는 사뭇 다른 것이다. 라이히에 의하면, "생명의 충동은 파시즘 없이도 존재할 수 있지만, 파시즘은 생명의 충동 없이는 존재할 수 없다. 파시즘은 봄에 사랑이 충만할 때 생명체에 달라붙어 있는 흡혈귀 같은 존재이며, 고삐 풀린 살인에의 충동"이다.

한편 라이히가 "파시스트의 정신성은 노예상태에 있으며, 권위를 갈망하는 동시에 반역적인 '소심한 인간'의 정신성"이라고 말한 부분은 니체의 노예적 인간을 떠올리게 한다. 니체는 『도덕의 계보』에서 귀족과 노예의 구분은 계급적인 것이 아니라, 각 개인이 지닌 도덕에 대한 판단의 '힘'에 의한 것이라고 말했다.

모든 귀족도덕이 자기 자신에 대한 의기양양한 긍정에서 발전되는 반면에, 노예도덕은 처음부터 '외부적'인 것, '다른' 것, '자기 자신이 아닌' 것을 부정한다. …… 노예도덕이 성립하기 위해서는 항시 우선적으로 하나의 적대적인 외부세계를 필요로 한다. (니체, 『도덕의 계보』)

따라서 아도르노와 호르크하이머가 독일의 파시즘에서 발견했던 '반유대주의'는 니체 식으로 표현하면 극단적인 노예의 도덕인 셈이다.

유대인을 생각하면 떠오르는 것은? 글쎄, 실제로 유대인을 만나본 일이 거의 없는 우리로선 대답하기가 쉽지 않다. 탈무드, 유대교, 둥근 빵 모양의 모자를 쓴 매부리코 아저씨, 그리고 악덕 고리대금업자의 대명사인 셰익스피어의 「베니스의 상인」에 나오는 샤일록 정도일까? 조금 다른 측면에서이지만, 최근엔 팔레스타인 난민들을 괴롭히는 심술궂은 이스라엘인이나 세계적인 독점 자본가의 모습으로 우리는 그들을 기억한다. 얼핏 생각해 봐도, 직접적으로 아무런 상관이 없는 우리에게조차 유대인의 모습은 그다지 긍정적인 것이 아니다. 파시즘의 문제와 그들을 연결할 때에야 비로소 약간의 동정심이 발동한다. 『안네의 일기』나 「쉰들러 리스트」의 감각으로. 유대인은 대체, 어떻게 '문제아'가 되었을까.

유대인을 '문제아'로 바라보는 입장은 대체로 둘로 나뉜다. 하나는 인종적 차원에서 유대인을 반대하는 것, 또 다른 하나는 기독교와 내미례서 유대교를 문제삼는 것이 그것이다. 라이히에 의하면, 파시즘의 인종이론은 '혈통'을 중심으로 진행되는데, 독일의 경우 게르만 혈통의 순수성과 우월성을 주장하는 과정 속에서 '민족의 흥망' '혈통의 타락' 등이 '유대인이라는 세계적 전염병'과 연결된다. 두번째 측면인 종교문제는 사실, 종교적인 것 이상의 의미를 지니고 있다. 서구적 계몽 혹은 근대성의 핵심 지반이 기독교적인 것에 있기 때문이다. 아도르노와 호르크하이머는 다음과 같이 이야기한다.

> 애니미즘 이전의 선사시대에서부터 유래하는 관념인 '공포'는 자연의 공포로부터 신이라는 '절대적 자아'의 개념 속으로 유입되게 되며, 이에 따라 이 절대적인 자아는 자연의 창조자면서 동시에 지배자가 되어 자연을 완전히 굴복시킨다. 전지전능한 이 절대적 자아는 우리에게 낯선 느낌을 주지만 지고한 것이나 초월적인 것에 관여하면서 보편적이 될 수 있는 '사유'에게는 접근 가능한 것이다. 정신으로서 신은 자연과 정반대되는 원리이다. (『계몽』, p. 264)

이성이 '자연의 창조자'이자 '지배자'로 인식되면서 이제 자연은 계몽된 주체에게 완전히 사유 가능한 것, 지배 가능한 것이 된다. 정신의 신격화.

전지전능한 '절대적 자아'와 추상적 존재로서의 유일신은 동일한 성격을 지닌다. 서구의 부르주아들이 중세적 세계관으로부터 벗어나 핵가족 중심으로 생활세계를 재편했을 때, 기독교의 유일신은 그 세계를 지탱하고 유지하는 정신적 기반으로 다시 강조되었다. 계몽이 '이성에 의한 자연의 지배'에 그 특징이 있다고 했을 때, 이성을 뜻하는 소문자 로고스(logos)는 유일신을 상징하는 대문자 로고스(Logos)에 포함되는 말이다. 특히 프래그머티즘과 결합한 미국의 청교도주의는 자본주의의 도덕적 근간이 된다. 그런 의미에서 니체가 "신은 죽었다!"고 했을 때, 그 말의 의미는 자본주의의 무한확장 속에서 계몽의 의미를 찾고자 하는 서구의 이성중심주의에 대한 비판이자, 그것의 도덕적 근거로 작동하는 '대문자 로고스'에 대한 근본적인 회의를 포함한다. 그러므로 파시즘의 반유대주의의 문제가 순수하게 종족과 정치의 문제에만 국한된 것이라고 생각해선 안 된다. 서구 기독교의 역사는 계몽의 역사와 함께 가는 것이기 때문이다. 서구인들에게 있어 종교는 개인적 신념이나 선택의 문제를 넘어서 그들 삶의 정신적 근거로 작동한다.

　그러나 파시즘이 기독교와 유대교의 종교적 대립을 부각시키고 그것 자체를 이데올로기로 직접 활용하는 것은 아니다. 근대 이후 종교는 종교 자체로 존재하는 것이 아니라, "제도로서의 종교는 직접 '체계'와 뒤엉켜 버리게 되거나, 일부는 화려한 대중문화와 군중 퍼레이드로 변형"되기 때문이다.

　아도르노와 호르크하이머는 파시즘 속에 작동하는 반유대주의의 문제를 유대인에 대한 인종적·종교적 문제를 넘어서, '지배 일반'의 문제로 확장한다. 그들이 보기에 파시즘 속에는 '배타적 소유와 무제한적인 권력'이 언제나 전제로 깔려 있다. 그것을 위협하거나 포섭 불가능한 대상에 대한 적의가 유대인이라는 표적을 만났을 때 '반유대주의'가 탄생한다는 것이다. "기존 질서에의 순응이 불가능했던 유대인의 존재 자체가 기존의 보편성을 손상시켰고, 자신의 고유한 삶의 질서를 고수하려 했기 때문에 유대인들은 지배 질서와 불안한 관계에 빠지게 된 것"이라고 아도르노와 호르크하이머는 말한다.

유대인들에 대한 억압은 역설적이게도 그들로 하여금 유대인으로서의 자의식을 만들어 주는 계기가 되었다. 그러므로 유대인은 '특수한' 종족으로 원래 있었던 존재가 아니라, 한 종족(게르만족)을 '보편적인' 존재로 만들어내는 과정에서 생겨난 열등의 대립항에 불과했던 것이다. 아도르노와 호르크하이머는 언어와 민족 등을 상상하면서 '국가'를 발명해낸 19세기 이후 근대 계몽의 작동원리를 '반유대주의' 속에서 읽어낸다.

> 종족은, 파시스트들이 바라는 것과는 달리, 직접적이고도 자연스러운 특수자가 아니다. 오히려 종족은 자연적인 것, 순진한 폭력, 냉혹한 분파성으로 돌아가는 것으로서 이러한 분파성이 현 상태에서는 곧 보편자가 되고 있다. 종족이란 오늘날 야만적인 집단으로 결집한 시민적 개인의 자기 주장이다. (『계몽』, p. 254)

맑스의 「유대인 문제에 대하여」라는 글은 유대인 문제가 종교적인 것을 넘어서 근대적 교환가치의 핵심인 화폐의 문제를 둘러싼 자본주의적인 것임을 지적한다. 맑스가 예로 들고 있는 브루노 바우어의 논문 「유대인 문제」와 「오늘날 유대인과 기독교인의 자유화 능력」은 기독교와 이교(異敎) 간의 종교적 대립으로부터 유대인 문제를 끌어내고 있지만, 맑스는 신학적 문제(안식일의 유대교도)가 아닌 사회적 문제(일상의 유대교도) 속에서 유대인의 문제를 풀고자 한다. 그는 "투기와 돈으로부터 해방, 따라서 실제적이고 실질적인 유대교로부터의 해방은 우리 시대의 자기 해방"이라고 말한다.

맑스가 유대인을 일컬어 '장사꾼의 민족성', '화폐인의 민족성'을 가지고 있다고 말했던 것처럼, 우리는 유대인과 자본의 문제를 어렵지 않게 연결시킬 수 있다. 문제는 유대인에게 물질적 재화가 편중되어 있다는 사실이 아니라, 반유대주의가 지배와 소유의 집중에 대한 불만을 유대인에게로 전가시키는 이데올로기로 활용되었다는 점이다. 그러므로 반유대주의의 '지배를 위한 합목적성'은 명백하다.

반유대주의는 기분전환이나 값싼 타락, 공갈협박의 수단으로 이용된다. 반유대주의는 고상한 상류집단에 의해 지지되며, 하층민은 반유대주의를 직접적으로 실천하는 행동대원이 된다. 파시스트 지배자들은 사회의 본질적인 문제, 즉 지배와 소유의 문제를 반유대주의의 이데올로기로 만들어낸다. 노동하는 민중들은 '일한 만큼' 노동에 대한 보수가 주어지지 않는다는 불만을 품고, 지배자들은 그 이유를 유대인의 유통업과 고리대금업에서 찾는다. 여기서 지배의 문제는 은폐된다. 이렇게 만들어진 반유대주의 이데올로기는 정치와 지배에 대한 민중들의 불만을 유대인에게로 돌리면서, 다른 한편으로는 기존 질서 안으로 쉽게 포획되지 않는 유대인을 효과적으로 배제하는 이중의 효과를 발휘한다. 파시즘의 이데올로기는 유대인을 제외한 일반 민중들에게 "빼앗긴 너희들의 권리를 되찾아라. 재산을 되찾아라"라고 부추기고, 반유대주의는 파시즘의 이런 메커니즘에 의해 "주체성을 박탈당했던 눈먼 인간들이 다시 주체임을 자각하고 행동하게 된 상황 속에서 시작되었다".

아도르노와 호르크하이머는 "세상에는 순수한 반유대주의도 타고난 반유대주의자도 없다"고 말한다. 반유대주의는, 파시즘은 만들어지는 것이다.

> 유대인의 피를 달라고 외치는 것이 제2의 천성이 된 성인들은, 피를 흘려야 하는 젊은이들이 왜 그래야 하는지를 모르듯, 왜 그렇게 외쳐야 하는지를 모른다. 그 이유를 알고 있는 명령자들은 유대인을 증오하지도 추종자들을 사랑하지도 않는다. …… 조직화된 살인 집단에 혼을 불어넣는 것은 일종의 역동적 이상주의다. 그들은 약탈하러 나가면서 가족과 국가와 인류를 구원하기 위한 것이라는 등 거창한 이데올로기를 외쳐댄다. (『계몽』, p. 257)

반유대주의는 이제 전면적으로 활동을 시작한다. 아무 것도 파악하려 하지 않기 때문에 모든 것을 사로잡는 맹목성의 힘. 18세기 이후 근대 시민 사회 속에서의 '반유대주의'는 생산에 내재해 있는 지배의 은폐라는 특수한 경제적 이유를 가지고 있다. 유대인은 자본가와 노동자 사이에 끼여들어 '희생양'이 된다. 자본가는 자신의 노동 또한 노동자의 그것만큼이나 생산적이라고 선전하면서 자본주의적 경제체제 일반의 착취적 본질을 은폐한다. 그러나 노동자들은 노동의 대가로 받은 임금과 자신들이 사용할 상품들의 가격을 계산하면서 자신들이 받아야 할 정당한 몫의 일부가 실제로는 노동하지 않은 자본가의 손에 들어간다는 것을 깨닫는다. 이 과정 속에서 상인(유대인)에게 전체 체계의 불의가 전가되는 구조가 만들어진다.

반유대주의는 특정 시기 독일에서 폭발적인 힘을 얻었지만, 그것의 역사적 연원은 깊다. 기독교를 자기 신앙의 근거로 삼는 사람들에게 유대교 신자는 신의 아들인 예수를 박해한 '악마'의 상징으로 오래 전부터 증오의 대상이었다. 우물에 독을 뿌려 흑사병을 유발시키고 제의 살해(ritual murder)를 자행하는 '악마'로서의 이미지는 설교와 민간 전설, 문학작품을 통해 끊임없이 재생산되고 전파되어 왔다. 셰익스피어 시대 영국에서 일어났던 여왕 암살미수 사건은, 유대인이 연루되면서 종교적인 반유대교 정서에 정치적 의미를 덧씌우게 된다.

「베니스의 상인」에 등장하는 유대인 고리대금업자 샤일록은 이러한 반유대주의적 정서 속에서 탄생한 전형적 인물이다. 그는 기독교인들의 사회에서 고리대금업에 종사하는 유대교 신자라는 이유로 철저히 무시되고 배척받는 '타자'이다. 안토니오는 그에게 돈을 빌리는 그 순간까지 그를 모욕하고 질책한다. 샤일록과 안토니오 사이에 맺어진 계약은 철저히 근대적이고 법적인 것이지만, '살 1파운드' 라는 위약조건에 붙어 있는 잔인성의 이미지는 반유대인 정서에 대한 도덕적 근거로 활용되면서 기독교인들로 하여금 죄의식 없이 타자에 대한 폭력을 행사하도록 한다. 모든 것을 '법대로' 하자는 샤일록의 말처럼 모든 것은 '법' 에 의해 진행된다. 그러나 '피를 제외한 살 1파운드' 라는 재판장의 문건 해석과 샤일록에게 가해진 재산 몰수, 기독교로의 개종이라는 판결은 유대인의 입장에서는 한 집단이 소수의 타자에게 가할 수 있는 잔혹한 폭력에 다름 아니다.

아도르노와 호르크하이머의 말처럼 "유대인은 근대의 혹은 문명의 객체로서, 그들이 권리를 주장할 때조차 타인의 은총에 내맡겨진 존재였다". 장사나 고리대금업은 그들의 '직업' 이 아니라, 이민족 집단 속에서 살아남기 위한 방편이었고 '운명' 이었다. 그들에게는 직접적으로 생산활동에 종사할 수 있는 기회가 원천적으로 봉쇄되어 있었기 때문에 유통업이나 고리대금업은 어쩔 수 없는 선택지였다. 그러나 이러한 불가피한 선택은 노동과 생산을 미덕으로 여기는 자본주의적 도덕의 관점에서 보자면 악덕이었던 셈이다. 샤일록의 직업은 그에게 악덕을 지닌 자로서의 성격을 부여하기에 충분한 것이었다.

이 책의 구성에 대하여

『계몽의 변증법』은 힘이 센 책이다. '계몽'과 '변증법'이라는 낡은 말을 다시 돌아보게 하는 힘을 지니고 있고, 동일성의 철학에 결박당한 정신을 밖으로 끌어당기는 힘을 지니고 있다. 아도르노와 호르크하이머는 이 책에서 많은 말을 하지만, 어쩌면 그 말들보다도 그 사이의 행간이 우리에게 더 많은 것들을 알려주고 있는지도 모른다.

문체의 난해함과 더불어 형식의 독특함이 늘 거론되는 『계몽의 변증법』은 본문에 해당하는 하나의 논문과 그 논문에 붙인 두 개의 부연설명, 그리고 부록 성격을 갖는 두 개의 논문으로 구성되어 있다. 나는 저자들의 문제의식을 더 가깝게 공유하고 『계몽의 변증법』의 원보양을 살리고 싶어서 이 책의 큰 구성도 『계몽의 변증법』 목차를 따랐다.

이 책 『이성은 신화다, 계몽의 변증법』의 1장에서는 아도르노와 호르크하이머의 삶을 나름대로 재구성해 보았다. 1인칭 고백의 문체

를 사용한 것은 그것이 주는 강렬한 이미지의 효과를 겨냥했기 때문
이다. 한 개인이 살았던 삶의 과정을 동일한 무게로 분할해서 서술하
는 것도 의미있는 일이겠지만, 여기서는 『계몽의 변증법』이라는 책
이 만들어지기까지의 '환경'으로서의 전기에 집중했다. 호르크하이
머를 이야기하는 부분에서는 그의 중심적인 활동무대이자 지식생산
의 근거지였던 프랑크푸르트 학파를 소개함으로써 계몽의 변증법이
어떤 지식의 자장 속에 놓이는가를 살펴보는 데 중점을 두었으며, 아
도르노의 경우에는 두 사람이 『계몽의 변증법』을 구상해 가는 과정
과 그 책에 담고자 했던 바가 무엇이었는지를 소개하는 데 비중을 두
었다.

2장에서는 『계몽의 변증법』의 본문에 해당하는 「계몽의 개념」을
다루었다. '계몽의 개념'은 그것에 대한 저자들의 문제의식과 방법
론을 이해하기 위해서 반드시 돌파해야 할 지점이다. '계몽'을 그 자
체로 보지 않고 '신화'와의 얽힘 속에서 파악하려는 그들의 태도는
때때로 복잡하고 모호하게 표현되기도 하지만, 그렇기 때문에 '계몽
과 신화의 얽힘'이라는 그들의 문제의식이 오히려 명확하게 드러나
기도 한다. 여기서는 계몽에 대한 일반적인 내용과 그것이 저자들에
게서 어떻게 사용되고 있는지, 그리고 계몽의 체계를 구성하는 두 가
지 전략인 '반복과 언어'의 문제를 중심적으로 이야기했다. 아도르
노와 호르크하이머는 철학이란 결코 쉽게 이해되어서는 안 된다는

생각을 초지일관 그들의 복잡하고 난해한 문체를 통해 주장하는 것처럼 보인다. 그들의 이 철학적 단상이 삶과 죽음의 존재론적 절박함 속에서 쓰여졌다는 점을 생각하면 일면 수긍이 되기도 하지만, 난감하고 당혹스러운 것 또한 사실이다.

3장은 『계몽의 변증법』의 본문인 「계몽의 개념」에 대한 첫번째 부연설명 「오디세우스 또는 신화와 계몽」과 연결되는 글이다. 저자들은 여기서 신화 속에도 계몽이 있다는 것, 주체는 그 신화의 세계를 탈출함으로써 탄생하는 것이라는 점을 호머의 서사시를 빌려 이야기한다. 저자들이 문학적인 텍스트를 다루는 방식은 대단히 흥미로웠다. 자신들이 구상한 이론의 힘으로 그들은 텍스트가 말하지 않았던 것까지도 읽어낸다. 나는 여기서 루카치와 저자들을 만나게 하고 싶었다. 그들은 같은 시대를 이야기하지만 전혀 다른 것을 본다. 루카치가 말했던 그리스 시대와, 아도르노와 호르크하이머가 말했던 오디세우스의 시대는 같지만 같지 않은 시대다. 그리고 그것은 그들이 현실을 이해하고, 현실에 반응하는 차이를 보여주는 것으로까지 연결되는 문제이다

4장은 「계몽의 개념」의 두번째 부연설명 「줄리엣 또는 계몽과 도덕」과 관련된 글이다. 여기서 저자들은 철저하게 계몽된 이성과 그것의 도구적 활용에 관해 사드의 소설을 빌려서 이야기한다. 논의

의 중심이 되는 『줄리엣의 역사』가 아직 국내에 번역되지 않았다는 점이 약간의 난감함을 줄지도 모르겠지만, 그들의 문제의식은 분명히 느낄 수 있을 것이다. 완전히 계몽된 이성이 갖는 한계와 그것이 현실적으로 어떻게 작동하고 있는지를 말하는 것. 그것을 위해 저자들은 칸트를 끌어오고, 니체를 덧씌운다. 나는 칸트나 니체 철학에 익숙지 않은 독자들을 위해 이 장에서 약간의 상상력을 발휘했다. 아도르노와 호르크하이머의 기획회의를 재구성한 부분이 바로 그것인데, 나는 이 가상의 기획회의를 통해 그들이 어떤 문제의식에서 줄리엣의 경우를 빌려 계몽과 도덕을 말하는지를 정리해 보았다.

5장은 마치 책 안에 든 별책부록처럼 『계몽의 변증법』에 실려 있는 「문화산업 : 대중기만으로서의 계몽」과 관련된 글이다. 이 '문화산업' 부분은 『계몽의 변증법』을 통틀어 가장 편안하게 읽을 수 있는 부분이다. 여기서 저자들은 문화산업의 기술적 체계에 의해 관리되는 세계를 문제삼는다. 문화산업에 감염되어 비판적 사유의 힘을 잃어버린 대중들은 갈등 없이 파시즘의 세계로 편입해 들어간다는 것. 나는 이 장에서는 크게 문화산업이 '문화'를 상품화하는 과정과 그 상품을 통해 어떻게 대중들을 수동적으로 만들어 가는지를 살펴보고, 오늘날도 여전히 큰 위력을 발휘하는 문화산업의 대표선수들(TV, 라디오, 영화, 광고 등)에 대한 각론을 달았다. 많은 비평가들이 이야기해 왔듯이 아도르노와 호르크하이머의 문화산업론은 민중들의 자발적 대중문화의 성장 가능성을 배제했다는 점에서 아쉬움을 주지만, 그것은 역설적으로 그들 당대의 대중문화보다 오늘날의 대중문화가 진보된 측면이 있다는 것을 반증해 준다는 점에서 주목할 만한 가치가 있다.

문화산업에 의해 관리되는 대중들은 『계몽의 변증법』의 「반유대주의적 요소들: 계몽의 한계」에서 다시 이야기된다. 굳이 '반유대주의'에 집중하지 않더라도, 6장에서 다루고 있는 '파시즘'은 지금 우리에게도 긴요한 문제이다. 일상적이고 미시적으로 작동하는 파시즘의 문제가 동일성의 체계가 해결하지 못한 '특수자'와 '차이'를 문제삼는다는 점에서 특히 그렇다. 불행히도 나는 유대인(구체적으로 유대인 권력자들)을 좋아할 수 없다. 그들이 경험한 홀로코스트의 비극을 죄 없는 팔레스타인인들에게 고스란히 돌려주는 것을 보면. 그리고 그들이 자본을 장악하고 있는 거대 문화산업의 영역들 속에서 끊임없이 비극적 서사를 반복해서 생산하곤 하는 것을 보면. 역사적으로 식민지 경험을 갖고 있는 제3세계 민족이나 신대륙의 소수 종족들에게서 유대인 이상의 비극적 피해를 경험한 사례를 찾아내는 것은 어려운 일이 아니다. 하지만 분명 유대인은 역사적으로 소수자였고, 지금도 '어떤 의미에서는' 소수자이다.

『계몽의 변증법』과 함께 읽으면 좋은 책들

『계몽의 변증법』으로 가는 네 갈래 길

『계몽의 변증법』은 읽기에 쉽지 않은 책이다. 저자들의 명확한 문제의식에도 불구하고, 모호하고 난해한 표현 때문에 독자들은 자주 길을 잃는다. 하지만 다행스럽게도 어려운 책들에는 항상 그것을 보충하고 해설하는 주석서들 또한 따라 붙기 마련이다. 독해의 방법은 여러 가지다.

하나, 프랑크푸르트 학파를 통해서 『계몽의 변증법』을 읽는 법 마틴 제이의 『변증법적 상상력』(황재우 역, 돌베개, 1981)은 아도르노와 호르크하이머의 일대기와 그들의 사상적 궤적을 프랑크푸르트 학파와의 관련성 속에서 살펴보고 있는 책이다. 이 책 속에는 세 마리 토끼가 있다. 『계몽의 변증법』은 물론 저자의 전기와 프랑크푸르트 학파의 사상적 내용까지 이 한 권의 책으로 해결할 수도 있다. 그밖에 빌렘 반라이엔의 『비판으로서의 철학』(이상화 역, 서광사, 2000) 역시 프랑크푸르트 학파를 통해 아도르노와 호르크하이머를 이해하는 데 도움이 될 만한 책이다. 라이엔은 여기서 프랑크푸르트 학파의 주요 논객들의 이론과 참고할 만한 글을 짜임새 있게 실어 놓았다. 『계몽의 변증법』에 관한 간략한 서평 형식의 글도 실려 있다. 『프랑크푸르트학파』(신일철 편, 청람, 1985)는 프랑크푸르트 학파를 소개한 책 중에 비교적 오래된 것인데, 일반적인 소개를 다룬 글 몇 편과 아도르노, 호르크하이머, 마르쿠제, 하버마스 등의 짧은 논문이 실려 있어서 참고로 할 만하다.

둘, 아도르노를 통해 『계몽의 변증법』을 읽는 법　마틴 제이가 쓴 『아도르노』(시공사, 2000)의 도움을 받을 수도 있다. 주로 아도르노 한 사람의 생애와 사상의 변모를 다루고 있지만, 전기라는 특성이 『계몽의 변증법』의 문제의식과 쉽게 만나게 하는 장점을 보여주기도 한다. 개인적으로 이 책에서 인상 깊었던 부분은 저자가 아도르노와 푸코의 사상적 유사성을 언급한 대목이었다. 언젠가 푸코 스스로도 진작 아도르노를 알았더라면 공부를 좀더 수월하게 할 수도 있었을 것이라고 말했다고 한다. 확실히 『계몽의 변증법』에서 보여주는 '특수자'들에 대한 관심은 푸코가 『광기의 역사』나 『감시와 처벌』에서 보여주는 문제의식과 통하는 부분이 있다.

　　프레드릭 제임슨이 쓴 『후기마르크스주의』(한길사, 2001)는 아도르노의 사상을 맑시즘의 자장 속에서 읽어내고 있는 책이다. 제임슨은 여기서 아도르노의 사상을 포스트모더니즘 시대에 적합한 변증법적 모델로 설명한다. 그 자신이 문화비평가이기도 한 제임슨은 아도르노의 문화적 관점이 포스트모던한 시대를 해명하는 데에도 여전히 유의미하다는 것을 보여준다. 아도르노는 이론의 세계에만 머물렀지만 제임슨은 그의 이론을 거리 위에 세우고 싶어한다. 그런 제임슨의 욕망이 아도르노와 맑스를 만나게 한다. 그의 논의를 『계몽의 변증법』의 「문화산업」장과 함께 읽어보는 것도 흥미로운 일이 될 것이다.

김유동의 『아도르노 사상』(문예출판사, 1994)은 아도르노의 역사의식과 사회의식, 미학에 이르기까지 일목요연하게, 하지만 그 깊이를 손상시키지 않고 정리해 놓은 글이다. 『계몽의 변증법』에 등장하는 여러 가지 만만치 않은 개념어들, 이를테면 계몽, 자연, 예술, 미메시스 등도 친절하게 설명하고 있다.

아도르노가 쓴 『부정변증법』은 『계몽의 변증법』보다 20년 가량 후에 나온 책이지만, 『계몽의 변증법』의 문제의식을 확장하고 있다는 점에서 함께 읽어볼 만한 책이다. 읽어볼 만하다라고는 했지만, 그리 쉽게 읽히는 책은 아니다. 아도르노는 『부정변증법』에서 태도로서의 '부정'과 방법론으로서의 '변증법'으로 동일성에 포섭되지 않는 '차이'를 사유한다. 그는 여전히 변증법을 붙잡고 있지만, 변증법이 부정의 부정을 긍정으로 통합한다는 입장에는 더욱더 강하게 맞선다.

셋, 소설을 통해 『계몽의 변증법』을 이해하는 방법 『계몽의 변증법』에 등장하는 두 편의 소설을 읽는 것이 무엇보다도 도움이 될 것이다. 호머의 서사시 『오디세이』는 많은 번역본들이 존재하지만, 『오뒷세이아』(천병희 역, 단대출판부, 2002)를 추천하고 싶다. 역자가 원어인 그리스어 판본으로 완역한 이 책이 원 텍스트의 '아우라'에 조금 더 근접하지 않았을까 싶다.

앞에서도 말했지만, 사드의 『줄리엣의 역사』는 아직 국내에 번역되지 않았다. 프랑스어가 편안한 사람은 원전을 읽어도 무방하겠지만, 그렇지 않다면 쥐스틴의 이야기를 다룬 『미덕의 불운』(이형식 역, 한불문화사, 1988)을 읽으라고 권하고 싶다. 『줄리엣의 역사』와 내용상 한 쌍을 이루는 이 책만으로도 계몽에 대한 사드의 입장이 충분히 이해될 수 있을 것이다.

하나 더, 아도르노와 호르크하이머의 『계몽의 변증법』과 더불어 읽으면 재미있을 법한(?) 소설로 콘래드의 『암흑의 핵심』(이상옥 역, 민음사, 1998)을 추천한다. 이 두 책은 서로를 이해하는 데 더할 나위 없이 훌륭한 파트너이다.

콘래드는 이 소설에서 계몽이 야만이라고 규정한 어둠의 세계로부터 뭔가 배울 만한 것이 있다는 것을 끊임없이 보여준다. 이것은 계몽이 지닌 한계를 '자연'을 다시 사유함으로써 극복할 수 있지 않을까라고 말하는 아도르노와 호르크하이머의 문제의식을 연상시킨다. 단, 이 소설의 문체 역시 『계몽의 변증법』만큼이나 어둡고, 뭐라 표현하기 힘든 난해함이 있다는 것만은 미리 밝혀둔다.

문명인의 '신앙'은 야만에 빛을 전달하는 것이다. 그러나 소설 속에서 '상아'로 표상되는 물적 재화에 몰입하는 순간 그들의 신앙을 한낱 '마술'로 전락하고 만다. 이때 밀림은 '악이나 진실처럼 무언가 위대하고 정복될 수 없는 존재'로 그려진다. 원주민들과 함께 할 때의 자연은 그들을 자신의 일부로 받아들이는 신비롭고 자비로운 모습으로 비춰지지만, 문명인들의 살풍경과 대비될 때 그것은 하나의 두려움, 경외감의 대상이 된다. 세계를 탈마법화시키고자 하는 인간의 계몽 프로젝트는 여기서 무력해진다. 아도르노와 호르크하이머가 『계몽의 변증법』에서 말한 바, '인간이 자연으로부터 배우고 싶어하는 것은, 자연과 인간을 완전히 지배하기 위해 자연을 이용하는 법' '그것만이 유일한 목적'이기 때문이다. 이것은 '빛을 전달하는 밀사', '수백만에 달하는 무지한 원주민들을 그네들의 그 무시무시한 풍습으로부터 떼어내야 한다'는 강요된 사명감 앞에서 '내가 사기꾼일지도 모른다는 이상한 느낌'에 사로잡힌 주인공의 예감이 틀리지 않았음을 보여주는 것이기도 하다.

주인공은 말한다. "우리가 무슨 자격으로 그 세계로 들어오게 되었단 말인가. 우리가 그 말없는 세계를 지배할 수 있을까 아니면 그 세계가 우리를 지배하게 될 것인가? 말을 할 줄도 모르고 아마 귀까지 먹었음에 틀림없는 그 세계가 실로 엄청나게 거대하다는 것을 나는 절감하고 있었어."

넷, 음악을 통해 『계몽의 변증법』을 이해하는 방법   쇤베르크의 'Verklärte Nacht op. 4'와 'Variationen für Orchester op. 31'을 듣는 것. 여기에는 약간의 수고로움과 고통이 따른다. 쇤베르크의 음악은 귀에 쉽게 적응되지 않는다. 게다가 언어로 쓰여진 텍스트를 언어가 아닌 음악으로 이해하려 할 때, '직감'에 의존할 수밖에 없다는 점도 문제이긴 하다. 그럼에도 불구하고, 아도르노와 호르크하이머가 계몽의 체계를 이야기하면서 언어에 있어서 말과 대상 간의 '의도적 관계'를 문제삼았다는 것을 염두에 둔다면, 언어 밖의 언어로 언어가 갖는 한계점들을 역으로 사유할 수도 있다는 것을 쇤베르크를 통해 느끼게 될 수도 있다.

첫번째 곡은 한국어로 「정화된 밤」 정도로 해석될 수 있는 표제를 달고 있는 곡인데, 자연의 순수한 이미지를 맛보게 한다. 이 곡은 쇤베르크의 다른 음악에 비하면 그런대로 편안하게 들을 만한다. 두번째 곡은 아도르노가 관심을 가졌고, 그가 철학적 사유를 전개하는데도 힌트를 받은 바 있는 12음기법으로 만들어진 곡이다. 보편적인 음악적 문법으로부터 벗어나 있는 이 곡은 보편과 다른 '차이'란 어떤 것인가를 보여준다.

그리고 이 책을 읽는 동안만큼은 바그너 음악은 듣지 않는 것이 좋을 것 같다. 바그너의 음악은 유대인 학살이라는 가공할 드라마의 백뮤직으로 매번 활용되었다는 점 때문에 지금도 유대인들 앞에서는 듣지 않는 것이 예의라고 한다.

그밖에 내가 이 책을 쓰는 데 도움을 받은 책들

이 글의 1차 텍스트는 물론 김유동이 번역한 『계몽의 변증법 ─ 철학적 단상』(문학과지성사, 2001)이고, 아주 가끔 Max Horkheimer and Theodor W. Adorno, *Dialectic of enlightenment*, translated by John Cumming(New York ; The Seabury Press, 1972)를 참고했다. 카시러의 『계몽주의철학』(박완규 역, 민음사, 1995) 또한 17,8세기의 계몽주의 철학 일반에 대한 이해에 도움을 받을 수 있는 책이다. 피터 게이의 『계몽시대』*Age of enlightenment* (한국일보 타임-라이프, 1985)는 계몽주의 시대의 철학, 과학, 예술, 풍속, 생활에 이르기까지 다양한 면모를 재미있는 도판들과 함께 설명하고 있다.

민음사에서 1994년에 출판한 『모더니티란 무엇인가』라는 책은 '거대서사' 이후 우리에게 모더니티란 무엇인가라는 지적인 물음을 중심으로 구성된 책인데, 이 책에 실린 김성기의 「세기말의 모더니티」, 임정택의 「계몽의 현대성」 그리고 푸코의 「모더니티란 무엇인가」는 『계몽의 변증법』을 이해하는 데 직접적인 도움이 될 만한 글들이다. 그밖에 루카치의 『소설의 이론』(반성완 역, 심설당, 1995), 마르쿠제의 『에로스와 문명』(김인환 역, 나남출판, 1996), 발터 J 옹의 『구술문화와 문자문화』(이기우 · 임명진 역, 문예출판사, 1997) 등도 도움을 받은 책들이다.

칸트에 대한 이해를 위해서는 그의 『실천이성비판』과 「계몽이란 무엇인가』를 주로 참고했고, 이진경의『철학과 굴뚝청소부』(그린비, 2002)로부터도 도움을 받았다. 하나 아쉬운 것은 '칸트철학과 근대적 주체성의 존재론'이란 부제를 단『자기의식과 존재사유』(김상봉, 한길사, 1998)라는 책의 존재를 탈고한 후에야 알게 되었다는 것이다. 미리 알았더라면 칸트의 사유와『계몽의 변증법』에 좀더 친근하게 접근할 수 있었을 것 같다.

니체의 경우는『도덕의 계보 / 이 사람을 보라』(김태연 역, 청하, 1990)와『권력에의 의지』(강수남 역, 청하, 1988), 그리고『차라투스투라는 이렇게 말했다』(정동호 역, 책세상, 2000)를 주로 하고, 고병권이 쓴『니체, 천 개의 눈 천 개의 길』(소명출판, 2001)로부터 많은 도움을 받았다.

그밖에 들뢰즈의『매저키즘』(이강훈 역, 인간사랑, 1996)에서 많은 도움을 받았으며, 스피노자의『에티카』(강영계 역, 서광사, 1990)와 프로이트의『문명 속의 불만』(김석희 역, 열린책들, 1997),『세계의 문학』2002년 봄호에 발췌 번역된 벤야민의「아케이드 프로젝트」도 참고로 삼은 글들이다. 존 스토리가 쓴『문화연구와 문화이론』(박모 역, 현실문화연구, 1994)을 읽고 대중문화라는 개념과 그 흐름을 정리할 수 있었다. 기 드보르의『스펙터클의 사회』(이경숙 역, 현실문화연구, 1996), 피에르 부르디외가 쓴『문화와 권력』(나남출판, 1998)과『텔레비전에 대하여』(현택수 역, 동문선, 2000), 장 보드리야르의『소비의 사회―그 신화의 구조』(이상률 역, 문예출판사, 1992)는 모두 문화를 통한 자본과 권력의 작동방식에 대해 살펴보고 있는 글들로서, 문화산업을 효과적으로 설명하는 데 도움을 받았다. 미디어가 인간 신체의 확장으로 기능한다는 점을 주장하는 맥루한의『미디어의 이해』(박정규 역, 커뮤니케이션북스, 2001)에는 현재 우리가 사용하고 있는 각종 미디어들에 대한 설명이 규모 있게 제시되어 있다. 그리고 성기완의『재즈를 찾아서』(문학과지성사, 1996)는 재즈에 대해 부담 없이 접근하고자 하는 사람들에게 좋은 안내서가 될 만한 책이다.

저자들의 글이 프로이트의 영향 아래서 쓰여진 만큼 프로이트의 이런저런 글들을 다수 참고했다. 그밖에 라이히가 쓴『파시즘의 대중심리』(오세철 · 문형구 역, 현상과 인식, 1987)와 마크 네오클레우스가 쓴『파시즘』(정준영 역, 이후, 2002), 스티븐 컨이 쓴『육체의 문화사』(이성동 역, 의암출판, 1996)에서도 도움을 받았다.

리라이팅 클래식 008

이성은 신화다, 계몽의 변증법

초판1쇄 펴냄 2003년 3월 25일
초판7쇄 펴냄 2021년 8월 1일

지은이 권용선
펴낸이 유재건
펴낸곳 (주)그린비출판사
주소 서울시 마포구 와우산로 180, 4층
대표전화 02-702-2717 | **팩스** 02-703-0272
홈페이지 www.greenbee.co.kr
원고투고 및 문의 editor@greenbee.co.kr

편집 이진희, 구세주, 송예진 | **디자인** 이은솔, 박예은
마케팅 육소연 | **물류유통** 류경희 | **경영관리** 이선희

ISBN 978-89-7682-931-3 04160

독자의 학문사변행學問思辨行을 돕는 든든한 가이드 _(주)그린비출판사